LES 4 ÉLÉMENTS DU CODING

Éditions Jacques-Marie Laffont
5, rue de Charonne, 75011 Paris

Direction : Édouard Frison-Roche
Direction éditoriale : Katia Kaloun
Édition : Paloma Gressien et Lucie Bernamont
Couverture, création graphique et mise en pages : Charlotte Thomas

ISBN : 978-2-492545-02-3

ALBERTO NEBOT-OLIVA

LES 4 ÉLÉMENTS DU CODING

JACQUES-MARIE
LAFFONT

SOMMAIRE

AVANT-PROPOS

Les 4 Éléments du coding est un voyage initiatique dédié aux développeurs en recherche d'équilibre professionnel. J'y présente et partage les fondements du code, qu'ils pourront mobiliser tout au long de leur carrière.

Chacun des quatre éléments du code (Terre, Feu, Air et Eau) est une métaphore de ce qu'est la vie de développeur, à travers ses aspects physiques, ses compétences techniques et la maturité professionnelle qu'elle implique.

La Terre représente la structure et les fondations du métier. C'est habituellement le premier élément acquis par un développeur après son parcours d'études.

Le Feu représente l'énergie exploratrice. C'est généralement le premier élément maîtrisé par le développeur autodidacte, guidé par sa passion et sa curiosité.

L'Air représente l'agilité et la prise de hauteur grâce à une vision systémique. Le plus souvent, cet élément vient compléter la maîtrise de la Terre et du Feu.

L'Eau représente la stabilité et l'analyse. Il s'agit du dernier élément à manier avec adresse.

Je tenterai d'introduire ces quatre éléments de façon claire et accessible. Pour cela, je vous les présenterai dans les contextes qui sont les plus familiers aux développeurs, en abordant les pratiques et situations qui jalonnent leur carrière.

Au cours de votre lecture, vous serez amené à identifier les éléments qui font écho à votre parcours, qui s'enrichira au fur et à mesure de votre progression. Vous pourrez alors tous les dompter pour trouver votre point d'équilibre professionnel et les utiliser à votre avantage.

Que la force soit avec vous !

Alberto Nebot-Oliva

INTRODUCTION

Chaque développeur est unique, tout comme son parcours ; j'ai donc conçu ce livre pour que vous puissiez l'ouvrir à n'importe quel chapitre, selon votre évolution dans la profession et la carrière que vous suivez.

Dans un premier temps, je souhaite synthétiser l'ensemble des compétences que tout codeur doit exploiter au cours de sa vie professionnelle, en analysant les points positifs et négatifs de chaque élément auquel elles se rapportent et en soulignant l'importance cruciale de l'équilibre que l'on doit trouver dans l'exercice de ces savoir-faire.

Après cette introduction complète des différents éléments, le chapitre « Trouver l'équilibre » vous donnera les clés nécessaires pour associer harmonieusement et efficacement les éléments que vous aurez appris à maîtriser pour passer de codeur débutant à expert.

Dans les « Notes de fin », j'introduirai d'autres compétences et méthodes de savoir-être que je juge primordiales pour être un développeur et un partenaire aussi apprécié qu'appréciable.

À QUI S'ADRESSE CET OUVRAGE ?

Ce livre s'adresse aux développeurs à la recherche de conseils dans leur cheminement professionnel : que vous soyez un débutant fraîchement diplômé, un développeur de niveau intermédiaire cherchant à pallier des manques apparents dans votre formation, ou que vous cherchiez à transmettre vos savoirs à vos collègues, vous y trouverez des réponses pertinentes.

Êtes-vous passionné par la technologie et le code ? Voulez-vous développer vos compétences ? Souhaitez-vous comprendre ce qu'est réellement une carrière de développeur ? Ce livre vous y aidera.

Si vous avez plus de quinze ans d'expérience en code, ce livre peut vous aider à partager votre expertise avec les jeunes développeurs de votre entourage !

POURQUOI ME SOUCIER DES AUTRES DÉVELOPPEURS ?

J'ai passé les quinze dernières années de ma vie en compagnie d'autres développeurs. Pour être honnête, cela n'a pas toujours été une partie de plaisir et je me suis souvent senti seul et perdu. Mes supérieurs n'avaient que peu de temps à me consacrer et me considéraient souvent comme une ressource vouée à accomplir une tâche. M'aider à progresser en tant que professionnel et membre d'une équipe ne leur a jamais traversé l'esprit.

Pourtant, c'est à travers le partage d'expérience et de savoir que nous pouvons contribuer au bien-être et à la réalisation d'autrui et encourager une indispensable confiance en soi mêlée d'humilité, aussi bien personnelle que collective. C'est la clé de relations professionnelles solides sur le long terme, d'une équipe soudée et performante. À l'époque à laquelle nous vivons, faut-il vraiment rappeler l'importance de l'esprit d'équipe dans la construction du succès, tant individuel que collectif ?

COMMENT CONTRIBUER À L'ÉPANOUISSEMENT DE LA COMMUNAUTÉ DES DÉVELOPPEURS ?

En tant que développeurs, nous n'avons pas toujours l'opportunité de travailler dans les meilleures entreprises ou de nous former aux meilleures pratiques. Il est donc primordial de partager nos savoirs le plus largement possible. Ainsi, pourquoi ne pas organiser une réunion hebdomadaire qui permettra à un membre de votre équipe de partager les techniques et compétences qu'il a récemment acquises ?

Vous pourriez également – et je vous y invite ! – rejoindre un *Meetup* dédié à votre langage de programmation ou *framework* favori dans votre ville ou votre région, pour partager votre expérience avec d'autres développeurs : chaque entreprise est un écosystème particulier de cultures, de pratiques et de méthodes que l'on peut mieux appréhender grâce à ces rencontres.

Enfin, n'hésitez pas à m'envoyer vos commentaires ou retours à l'adresse mail suivante : albertonebotoliva@gmail.com. Vos suggestions m'aideront à faire progresser le contenu de cet ouvrage pour les prochaines éditions et seront donc bienvenues.

Merci de partager la passion que j'ai investie dans ce projet et merci de faire partie de ma tribu !

DANS LA TÊTE DES DÉVELOPPEURS

CHAQUE CHOSE À SA PLACE

Nous avons une tendance naturelle à entasser les choses dans des boîtes : ouvrez-en une et vous trouverez un fatras de souvenirs rapportés d'un voyage scolaire à Barcelone, la cassette vidéo d'une journée à la plage et l'emballage d'un de ces bonbons que vous mangiez compulsivement dans les années 1990. Vous êtes pourtant censé être ingénieur et, que cela vous plaise ou non, les ingénieurs sont des gens organisés et méthodiques : un nettoyage de printemps s'impose ! Grâce à son esprit d'analyse, un ingénieur a la capacité de classer des quantités phénoménales de données. Ce processus mental lui permet de convertir ces données brutes en informations, qu'il peut ensuite partager. Tout acte de communication repose sur un échange d'informations. Afin que la communication soit effective, il faut que ces informations soient fondées sur un principe commun (une langue, un alphabet, etc.), sans quoi aucune communication n'aboutira.

Certaines personnes voudraient nous faire rentrer dans l'une ou l'autre de leurs propres boîtes. Il est important que vous soyez préparé à vous retrouver dans une situation dans laquelle vous ne vous sentirez pas intégré, qui ne vous correspondra pas. Pour y voir clair et vous en extirper, la meilleure stratégie est d'être honnête avec vous-même et de comprendre la nature de votre place dans cette boîte.

LA MATURITÉ

La première chose que vous devez identifier lorsque vous êtes en quête d'un nouveau défi ou d'un nouvel emploi, c'est votre niveau de maturité. La maturité est le résultat de vos années d'expérience professionnelle et des compétences que vous avez acquises en dehors de votre profession. Pour être tout à fait honnête, la profession de développeur requiert une démarche continue d'apprentissage. À chaque étape de votre carrière, à chaque nouvel emploi, vous aurez besoin d'un trimestre pour vous adapter à un nouveau système, un nouveau langage, etc., à la suite de quoi votre courbe d'apprentissage s'aplanira. En dehors de vos horaires de travail, la curiosité et l'implication sont indispensables : vous devez continuer d'acquérir de nouveaux savoirs et de nouvelles techniques qui vous permettront d'accroître vos compétences et votre maturité.

Les processus de recrutement sont pavés de pièges dans lesquels il est facile de tomber. Les recruteurs, qui n'ont aucune connaissance technique, classent les candidats par années d'expérience plutôt que par niveau de maturité. Ce contresens pourrait vous enliser dans une situation peu confortable, où vous seriez en position de faiblesse. Pour déjouer ce piège, tentons d'évaluer votre maturité, afin de pouvoir la valoriser.

Prêt ? C'est parti !

Votre code n'est pas propre ?

Chacun d'entre nous doit commencer par le commencement. Et certains de nos commencements ne sont pas bien brillants. Je me souviens d'une époque où je peinais à comprendre la syntaxe du nouveau langage avec lequel je devais travailler. J'avais pourtant étudié le code pendant trois ans à l'université avant d'entamer cette première expérience professionnelle. Je faisais face à un *codebase* développé par trois personnes distinctes. Leurs trois approches se mêlaient sans s'harmoniser. Pourquoi ce choix de nomination des variables ? Pourquoi cette partie du code était-elle dupliquée ? Devais-je me fier à ces commentaires ? Je parvenais péniblement à comprendre le code. Mon code était tellement brouillon que, pour chaque bug que je tentais de résoudre, je finissais par en créer deux nouveaux. Ça vous parle ?

Si cette situation vous est familière, vous êtes probablement un développeur junior ; rien de honteux là-dedans. Les développeurs juniors ont tendance à compliquer les choses simples. Assurez-vous de toujours tout tester deux fois. La motivation et la persévérance seront vos meilleures alliées face aux nombreux échecs que vous aurez à affronter ; ne renoncez pas. Respirez et tentez d'abord de résoudre le problème sur papier. Lorsque vous pensez avoir la solution, tournez-vous si possible vers un développeur plus expérimenté : vous avez tout à gagner à vous inspirer de son expérience pour améliorer votre solution.

Développeur junior – *de 0 à 3 ans d'expérience* : vous rencontrez encore des difficultés de langage. Il vous est difficile de rester concentré sur des tâches simples et de résoudre des problèmes plus complexes.

Avez-vous atteint *la zone* ?

La plupart du temps, après votre première expérience professionnelle, vous avez la sensation de contrôler la situation. Vous disposez de meilleures capacités de concentration. Vous avez l'impression d'avoir atteint *la zone*. Je me souviens de cette époque où j'intégrais des fonctionnalités dans un système de paiement. C'était la première fois que l'on me confiait un tel niveau de responsabilité. Après avoir méticuleusement planifié mon intervention sur papier, j'ai présenté mon plan d'action à mon supérieur, qui a validé mon idée et m'a enseigné deux nouveaux concepts. Deux jours durant, mon niveau de concentration (ainsi que ma consommation de caféine et de barres protéinées) a été tel que je suis entré dans la zone. J'ai acquis de nouvelles compétences techniques, j'ai rigoureusement appliqué des scénarios, j'ai testé autant que nécessaire... Et le temps filait. À l'issue du processus, il restait quelques bugs dans mon code, mais rien de critique. Le souvenir d'une autre expérience me revient : j'avais provoqué et déployé un bug avant d'aller déjeuner, laissant la totalité de la société sans système de paiement opérationnel pendant deux heures. Ça vous parle ?

Dans ce cas, vous êtes probablement un développeur de niveau intermédiaire. Vous vous en sortez formidablement bien.

Comme tous les développeurs intermédiaires, vous gagnez en autonomie, vous travaillez à améliorer votre code et vous cherchez à acquérir de nouvelles compétences. Attention, restez cependant vigilant dans vos déploiements. La concentration et la discipline seront vos meilleurs outils pour améliorer votre code déjà solide, et vous vous sentirez bientôt plus à l'aise. Je m'en réjouis pour vous, mais gardez à l'esprit qu'à ce stade de votre carrière, l'arrogance est votre pire ennemi.

Développeur intermédiaire – *de 1 à 6 ans d'expérience* : vous commencez à saisir le langage, vous travaillez facilement avec l'ensemble du système, vous êtes entré dans la zone, vous faites parfois preuve d'un excès de confiance en vos capacités.

Codez-vous au scalpel ?

De nombreuses années d'expérience en poche, vous avez travaillé des systèmes *back-end* (couche de contrôle de l'interaction entre les utilisateurs et la gestion de la donnée) et *front-end* (interface utilisateur) et vous maîtrisez au moins deux langages, ainsi que plusieurs patrons, schémas et méthodologies. Vous cherchez à établir un code d'une qualité optimale, que vous appréciez tester encore et encore, et vous aidez les développeurs juniors. Vous avez optimisé votre routine et vous avez un niveau de responsabilité élevé.

Je me souviens de cette époque où je faisais partie d'un collectif de freelances. En tant que développeur senior, j'étais en charge de la définition du système et de la gestion d'une équipe de deux développeurs : répartition des tâches, planning, vérification du code et tests. Il m'arrivait de passer deux heures à lire un code pour n'écrire finalement qu'une ligne, pourtant suffisante pour résoudre la totalité d'un problème structurel. La *pull request*, le *pair-programming* (programmation en binôme), le TDD (*test-driven developement*, ou développement piloté par les tests) et l'intégration continue faisaient partie de mon quotidien, je codais avec passion et précision. Ça vous parle ?

Dans ce cas, vous êtes probablement un développeur senior. Les développeurs seniors évoluent bien en équipe, ils laissent leur ego dans les vestiaires. Ils sont les gardiens des bonnes pratiques et de la qualité du code. Ils encouragent les jeunes développeurs à progresser, ils placent l'engagement et la responsabilité au centre de leurs valeurs professionnelles. Au fur et à mesure qu'ils acquièrent des responsabilités, ils endossent aussi la gestion de leurs équipes.

Développeur senior – *de 4 à 7 ans d'expérience* : vous maîtrisez un ou plusieurs langages, vous cherchez à développer un code de qualité et vous encouragez les compétences de vos collègues, qui cherchent votre approbation.

Rien ne vaut l'esprit d'équipe

Votre équipe vous respecte : depuis des années, vous répondez présent pour aider à résoudre les problèmes les plus complexes. Vous êtes abordable et vos conseils sont précieux aux yeux de vos collaborateurs, vous faites briller la lumière dans l'obscurité de leurs questionnements. Alors que je dirigeais une équipe lors de l'un de mes précédents postes, un nouveau développeur, entre le stade junior et intermédiaire, nous a rejoints. Il dégageait une confiance absolue en son savoir-faire, à tel point qu'il en devenait insultant et arrogant. Il s'est mis à refactoriser le code des autres membres de l'équipe sans s'interroger sur les fondements du code original, pas plus que sur les contraintes techniques ou les stratégies globales de l'entreprise. Le reste de l'équipe se plaignait de son comportement. En tant que chef d'équipe, je ne voyais qu'une solution : je l'ai laissé courir à sa perte afin qu'il puisse apprendre de ses erreurs. À travers cet échec tonitruant, il a appris que nous étions une équipe et que nous devions agir ensemble, avec cohérence. La compétition est un sport de perdants, nous devons au contraire nous aider mutuellement. Ça vous parle ?

Dans ce cas, vous êtes probablement un *lead* développeur : préparez-vous à résoudre les problèmes de votre équipe en proposant des solutions innovantes. Les *lead* développeurs se concentrent sur leur équipe, ils fixent les normes du code, les bonnes pratiques et les méthodologies de tests. Vous êtes à la tête des projets et vous maîtrisez parfaitement la partie du système dont vous avez la responsabilité, vous interagissez avec d'autres *lead* développeurs dans un contexte plus large pour comprendre et influencer les autres composants du système. Vous portez des valeurs d'écoute et de service. Vous n'êtes pas seulement la force directrice de votre équipe, vous êtes responsable de ses performances. Par chance, vous pouvez vous reposer sur vos développeurs seniors.

***Lead* développeur** – *4 à 7 ans d'expérience* : vous avez le système en main, vous fixez les règles et le style de code avec compassion, patience et constance.

L'entreprise avant tout

Avec un peu de chance et de persévérance, à un certain stade de votre carrière, vous êtes devenu manager. Vous avez alors à développer des compétences de savoir-être, dans la mesure où vous devenez le visage technique de l'entreprise, vous assistez à des réunions et à des échanges professionnels interservices. Je me souviens du jour où j'ai rejoint une entreprise en tant que CTO (*Chief Technical Officer*). Quelle meilleure façon d'entrer dans le bain que de participer à une réunion de prospection ? Après avoir écouté attentivement mes collègues et posé les bonnes questions, j'ai dû présenter une offre technique. J'ai heureusement pu clore l'entretien sans que les conséquences ne soient trop lourdes pour mon service. Ainsi, j'ai pu gagner du temps pour réorganiser mon équipe autour des nouveaux enjeux. En tant que manager, vous avez l'obligation de protéger votre équipe de toute interruption extérieure, afin qu'elle puisse se concentrer sur sa productivité et conserver un moral optimal. Votre communication et votre sens politique sont remarquables, et vous mesurez l'impact de la stratégie de l'entreprise sur les services techniques. Ça vous parle ?

Dans ce cas, vous êtes probablement manager. Le code va vous manquer : le manager est la pièce maîtresse de l'équipe de développement, puisqu'il la protège des éléments externes. Il est le gardien du cap, il conseille et gère le service.

VP engineer (ingénieur) – *8 ans d'expérience et plus* : vous déterminez la méthodologie de résolution de problèmes, vous êtes responsable de la cohésion de l'équipe et vous établissez les bonnes pratiques.

Chief Technical Officer (directeur de la technologie) - *8 ans d'expérience et plus* : vous identifiez les problèmes à résoudre, vous avez la responsabilité de fournir les produits ou outils dont les services opérationnels de l'entreprise ont besoin.

LES SPÉCIALITÉS

La seconde chose que vous devez garder à l'esprit lorsque vous êtes à la recherche d'une nouvelle opportunité professionnelle, c'est votre spécialité de développeur. Elle se reflète dans l'expérience que vous avez accumulée pour un ensemble d'outils et de technologies. Dans des projets de faible ampleur qui mobilisent des effectifs assez réduits, vous aurez la plupart du temps une perspective assez généraliste, dans la mesure où les moyens et ressources seront limités. En fonction de vos intérêts et compétences principales, à force de temps et de curiosité, vous développerez une spécialité plutôt qu'une autre.

Il n'existe pas de bons ou mauvais choix dans ce domaine, mais il est bon de ne pas oublier que c'est bien le marché qui dicte la demande en termes de spécialité et de niveau de rémunération. Certaines spécialités vous sembleront plus attrayantes que d'autres, mais plus il y a de spécialistes travaillant sur le même sujet, plus les rémunérations sont basses. Devenir expert d'un domaine dans lequel la demande est extrêmement faible vous conduira vers un meilleur niveau de rémunération, mais vous serez peut-être contraint de vous relocaliser dans une autre ville, ou même un autre pays. Vous voulez mon avis ? Concentrez-vous sur le code qui vous procure le plus de plaisir : vous apprendrez de chaque opportunité et vous pourrez toujours changer de spécialité si nécessaire. En effet, les savoirs se partagent largement entre les différentes spécialités et les entreprises offrent des parcours de formation continue qui permettent de se reconvertir.

Entrons dans le détail et passons en revue les spécialités les plus courantes !

Développeur haut-niveau

Le développeur haut-niveau travaille sans se soucier du matériel : il ne se préoccupe pas du type d'appareil ou de système sur lequel opérera son code.

Développeur *front-end*

Le développeur *front-end* se concentre sur l'utilisateur. Il est à l'écoute des retours qui lui sont communiqués et adapte son produit afin de garantir la meilleure expérience d'utilisation. Il se soucie de détails, comme la manière de programmer l'interface en respectant parfaitement le graphisme d'origine.

Développeur *back-end*

Le développeur *back-end* apprécie de travailler sur la logique-métier. Il se soucie du besoin de l'entreprise cliente, des serveurs, des bases de données, des APIs (interfaces de programmation applicatives), sans se préoccuper des utilisateurs.

Développeur *full stack*

Le développeur *full stack* comprend à la fois les implications du *front-end* et du *back-end*, et maîtrise les interactions entre les composants d'un système global. Il navigue aisément entre ces deux domaines, mais délègue certains points aux spécialistes.

Développeur natif

Le développeur natif maîtrise les technologies spécifiques à un appareil ou à une plateforme. Dans cette catégorie, on retrouve les développeurs web travaillant sur les technologies de moteurs de recherche, les développeurs d'applications mobiles, qui travaillent principalement sur les systèmes Android ou iOS, ou encore les *desktop* développeurs qui s'occupent d'applications logicielles dédiées à un système d'exploitation spécifique.

Développeur DevOps

Le développeur DevOps aide les autres développeurs à déployer leur code. Il gère les serveurs et les outils d'intégration de façon à ce que le reste de l'équipe puisse être productive.

Développeur QA – testeur

Le développeur QA (*quality assurance*) s'assure de la qualité du logiciel. Il crée des tests automatisés qui opèrent avec les outils d'intégration continue.

Développeur sécurité

Le développeur sécurité maîtrise les procédures de sécurité. Il est au fait des dernières menaces et scanne le système à la recherche de vulnérabilités afin d'en renforcer la fiabilité.

C'est un *white hat*, un hacker éthique : il s'efforce d'entrer dans un système pour en améliorer la sécurité.

Data scientist

Le *data scientist* extrait des statistiques descriptives de la donnée afin de l'analyser, de créer des visualisations de données ou des processus d'apprentissage automatique (*machine learning*). Il est expert dans l'optimisation, l'analyse et le traitement de données.

Développeur Big Data

Le développeur Big Data traite des volumes importants de données et les transfère d'un système à un autre. Il maîtrise les systèmes de stockage distribué (*distributed storage*), tels que les lacs de données (*datalakes*), et gère les technologies Big Data.

Développeur de jeux

Ce développeur crée des images 3D, maîtrise la logique des systèmes et travaille avec des moteurs 3D tels que Unity ou Unreal, outils qui lui permettent de développer des jeux-vidéos.

Développeur bas-niveau

Le développeur bas-niveau s'intéresse au matériel informatique : il s'attache à l'optimisation des ressources. Il travaille sur la gestion de la mémoire, mais aussi sur les microcontrôleurs (MCU), les capteurs, les actionneurs et autres appareils électroniques.

Développeur de systèmes embarqués

Le développeur de systèmes embarqués (*embedded developer*) travaille également sur le matériel électronique. Il maîtrise le code sur des systèmes hors ordinateur, en lien avec les langages bas-niveau et certains *frameworks*. L'IoT (*Internet of Things*, ou Internet des objets) est une nouvelle spécialité qui emploie ce type de programmeurs.

Développeur graphique

Le développeur graphique crée des technologies graphiques et 3D. Il est particulièrement compétent en matière de mathématiques, de physique et dans le domaine scientifique en général.

CLASSIFICATION PAR FORMATION

Le début de votre carrière est déterminant. C'est la troisième chose à prendre en considération lorsque vous vous présentez en tant que développeur. Il existe une large palette d'alternatives éducatives, toutes pertinentes lorsqu'elles sont complétées par quelques années d'expérience.

Un parcours autodidacte ou une formation intensive de neuf semaines vous plongera dans le monde du code et vous donnera les clés essentielles, mais il sera difficile d'établir ainsi une crédibilité durable auprès des entreprises. En effet, la plupart d'entre elles cherchent des ingénieurs en mesure d'apporter une valeur ajoutée en un minimum de temps et se satisfont rarement de ce niveau de maîtrise.

Les écoles de code offrent des formations sur deux ans, ponctuées de stages qui vous permettront d'accéder à une première expérience valorisante. Avec un peu de chance, vous percevrez une rémunération et serez surtout soutenu par un mentor qui s'assurera de votre progression.

Un parcours universitaire sur cinq ans vous enseignera tous les principes théoriques des sciences de l'informatique, mais vous obligera à acquérir une expérience pratique par vous-même.

Un doctorat vous élèvera au plus haut niveau de responsabilités, et donc de rémunération. En règle générale, ce sont les profils à qui l'on confie l'innovation et le management ; il est évident que ce sera un atout pour mener votre carrière.

Quels que soient votre niveau d'instruction, votre parcours et vos ressources financières, je vous encourage à devenir développeur si c'est la passion qui vous habite : c'est une industrie pleine d'opportunités. Si vous êtes capable de réussir le test de sélection qui vous est proposé, c'est que vous êtes au bon endroit.

L'apprentissage en autodidacte

Les ressources qui vous permettront d'amorcer votre parcours sont nombreuses et, pour certaines, gratuites. Voici quelques exemples :

- **Stackoverflow** et son immense communauté de développeurs à l'aise dans tous les langages vous permettront de trouver une solution aux problèmes que vous rencontrerez tout au long de votre carrière, quels qu'ils soient ;
- **Freecodecamp** vous fournira un cours structuré sur le développement web ;

- sur **GitHub**, vous trouverez des codes référentiels pour des projets *open source*, des *frameworks*, des tutoriels et codes standards (*boilerplates*) ;
- **YouTube** présente d'innombrables chaînes dédiées à vos technologies favorites ;
- lors de **rencontres et salons**, des professionnels aguerris et en poste pourront vous faire bénéficier de leurs savoirs et vous permettront de partager les vôtres ;
- certaines **universités** disposent de ressources disponibles en libre accès, surtout pendant les vacances d'été.

Les formations intensives (*bootcamps*)

Il existe de nombreuses formations intensives (en général sur neuf semaines) qui vous permettront de vous plonger dans l'univers des sciences de l'informatique. Leurs cursus sont inspirés des tendances et besoins du marché, et sont disponibles en présentiel ou en ligne. Les tarifs sont cependant prohibitifs. Je vous recommande donc d'effectuer un travail de sélection méticuleux et de vous intéresser aux outils disponibles gratuitement avant de vous engager.

C'est en forgeant que l'on devient forgeron : il est illusoire d'imaginer que vous serez pleinement compétent dans un sujet donné et immédiatement employable juste après avoir suivi une formation de ce type.

Les écoles de code

Les écoles de code sont des alternatives intéressantes pour entamer une carrière de développeur. Avec des cours en présentiel et d'autres à distance, elles construisent leurs programmes en fonction des évolutions du marché. Certaines d'entre elles vous assisteront même dans votre recherche d'emploi à la fin de la formation, ce qui est un réel atout à prendre en considération dans le choix de l'école que vous rejoindrez.

Certaines d'entre elles proposent une formation dispensée sur deux ans : une première année d'apprentissage théorique intensif, puis une seconde effectuée en stage au sein d'une entreprise. Elles sont souvent onéreuses, mais elles augmentent significativement vos chances de gagner votre vie dans ce domaine.

L'université

Selon le pays dans lequel vous vivez, vous pouvez accéder à des universités publiques ou privées. Un cursus technique d'études supérieures dans le domaine de l'ingénierie et des sciences de l'informatique vous apprendra à résoudre des problèmes – et pas des moindres ! – et à faire face à des situations complexes. Vous serez amené à manier les mathématiques et la physique de haut niveau, ainsi que les fondamentaux des sciences de l'informatique. Vous utiliserez la programmation comme un outil pour résoudre des problèmes scientifiques, sans trop prêter attention à la beauté de votre code : vous devrez acquérir ou renforcer vos compétences de façon plus ou moins autonome dans ce domaine. Cependant, vous aurez une approche transdisciplinaire précieuse : maîtrise de l'IA (intelligence artificielle), des systèmes distribués (*distributed systems*), de l'électronique, de la robotique, du graphisme… Chaque compétence ouvrira une nouvelle porte pour la suite de votre formation et de votre parcours professionnel. Vous pourrez également vous orienter vers un doctorat, qui fera de vous un professionnel hautement qualifié dans un domaine spécifique des sciences et de la recherche informatiques.

Alors… qui êtes-vous ?

Prenez le temps de faire le point sur vos compétences et sur votre parcours. Notez ici la date du jour et complétez votre portrait. Il s'agit d'une carte d'identité qui reflète le codeur qui est en vous et qui ne demande qu'à se révéler : c'est le premier pas que vous faites vers le codeur que vous souhaitez devenir.

Date du jour : ....

Mon niveau de maturité : ....

Ma spécialité : ....

Ma formation : ....

Mes objectifs de développeur : ....

LES ÉLÉMENTS

Le voyage que nous entreprenons est celui de l'équilibre, et tout voyage doit commencer par un adieu : vous vous apprêtez à quitter définitivement le confort d'un terrain connu, où vous ne reviendrez jamais. Vous rejoignez une aventure de développement et de connaissance, au cours de laquelle vous ferez l'apprentissage du savoir ancestral qui permet de maîtriser le chaos, d'éclairer les ténèbres et de créer la beauté.

Vous devez me promettre d'utiliser votre talent pour faire le bien : nous vivons dans un monde incertain où il nous faut devenir les gardiens de la beauté. Comprendre la puissance réelle que nous détenons, être membre d'une communauté, protéger le code et les utilisateurs : tels sont les enseignements les plus précieux que je puisse mettre à votre disposition. Dès à présent, comprenez que la découverte et la maîtrise des éléments ont un prix...

Soyez prêt à renoncer à vos croyances.
Soyez prêt à renoncer au dogmatisme.
Soyez prêt à renoncer à votre ego et à vous remettre en question.

Je vais vous ouvrir le chemin de la découverte des éléments à travers la rencontre avec quatre types de développeurs : vous déchiffrerez les traits de personnalité dominants ainsi que les avantages et inconvénients de chaque profil en étudiant leurs parcours et expériences.

Êtes-vous prêt à basculer dans ce monde inexploré et à en découvrir la magie ?

TERRE

Antoine a une vingtaine d'années. Il a toujours été passionné par les ordinateurs et les jeux vidéo. Il a entamé des études d'ingénieur en sciences de l'informatique pour être en mesure de coder ses propres jeux. Cependant, il a rapidement découvert que sa carrière serait différente de ce qu'il avait imaginé. Il voulait apprendre à coder, mais l'enseignement qu'il a reçu se concentrait sur les mathématiques, la physique et le calcul infinitésimal. Ce n'est évidemment pas la fin du monde : il sait maintenant résoudre des problèmes complexes, ce qui l'aidera certainement dans sa future carrière de développeur.

Après une année à apprendre l'anglais à l'université, il peut lire et comprendre les tutoriels qui présentent de nouvelles technologies sans qu'ils soient traduits en français. Il aime aussi coder dans plusieurs langages de programmation comme C, C++ et Python, mais il aimerait surtout coder des applications utilisées dans la vie réelle, et ne pas se concentrer uniquement sur la résolution de problèmes théoriques. Il a appris à coder en rédigeant des algorithmes de pseudocode sur papier, il sait donc travailler avec plusieurs syntaxes, aussi bien en bas qu'en haut niveau.

Autre sujet qui intéresse Antoine : la conception de bases de données relationnelles et la définition de structures de données et des algorithmes liés, qui servent au tri, à la recherche et à l'insertion d'informations dans ces structures de données complexes. Cette année, il étudie l'architecture informatique, les compilateurs, les systèmes d'exploitation et les réseaux. Cela représente un grand défi, dans lequel il va s'investir pleinement.

Si tout se passe bien, il aura à choisir entre les systèmes distribués, le parallélisme et la programmation 3D pour son mémoire de fin d'année, qui lui demandera au moins neuf mois de R&D (recherche et développement) avant de pouvoir être présenté formellement à un jury d'examinateurs. Il est prêt à faire les recherches nécessaires, à travailler la conception et à résoudre des problèmes complexes de façon autonome. Ses compétences en matière de code lui viennent de disciplines très variées. Son expérience se concentre sur la résolution de problèmes théoriques, mais il manque d'expérience pratique. Antoine est extrêmement qualifié et pourrait postuler à la plupart des offres disponibles sur le marché, mais soyons réalistes : seuls 20 % des entreprises se concentrent sur des problèmes qu'Antoine a été formé à résoudre, les 80 % restants ne résolvent pas de problèmes prospectifs, pas plus qu'elles n'utilisent de technologies de pointe. Antoine est donc surqualifié pour répondre à la demande de 80 % des entreprises, qui n'auront aucun besoin des compétences qu'il a acquises à l'université.

Au bout de cinq ans de parcours, Antoine fera son entrée sur le marché du travail et constatera qu'il n'a aucune idée de ce qu'est réellement sa profession et qu'il doit encore acquérir de nouvelles compétences techniques indispensables à tout bon développeur. La bonne nouvelle ? Il maîtrise déjà l'ensemble des concepts, il ne lui restera qu'à les transformer en savoir-faire. La pratique, l'entraînement à la méthode essai-erreur permettront à Antoine de progresser vers ses objectifs.

Le profil d'Antoine est à dominante Terre.

INTRODUCTION

Caractéristiques

Le développeur Terre tend à cacher ses insécurités et incertitudes dans des codes plus sophistiqués que la moyenne. Il fait souvent preuve d'arrogance et nourrit un sentiment de supériorité vis-à-vis des développeurs dépourvus de formation universitaire. Il travaille lentement, complexifie et sur-conçoit ses solutions ; il en résulte un code difficile à déchiffrer pour les autres développeurs. Il est généralement introverti et manque de savoir-être.

Forces et faiblesses

Forces	Faiblesses
Bases théoriques solides en sciences de l'informatique	Rigidité, dogmatisme
Capacité à trouver plusieurs solutions pour un même problème	Lenteur, tendance à sur-concevoir des solutions face à des problèmes simples
Méthodologie et organisation	Peu de compétences de savoir-être
Haute qualification	80 % des emplois disponibles ne font pas appel à ses compétences
Maîtrise de plusieurs langages de programmation	Absence de maîtrise approfondie d'un langage en particulier
Capacité à travailler dans plusieurs marchés et industries	Non-spécialisation dans un marché particulier et ses enjeux

Suivez-moi

Dans les prochaines sections, je présenterai l'élément Terre d'Antoine selon les catégories suivantes :

- **structure** : j'aborderai l'importance de la structure dans le processus du développement logiciel, puis je détaillerai quelques exemples et techniques d'organisation et de résolution de problèmes ;
- **fondamentaux** : je montrerai la pertinence des fondamentaux face à d'autres approches et je proposerai quelques idées permettant de maîtriser n'importe quelle technologie ;
- **code** : j'aborderai l'importance d'un code propre et détaillerai ses quatre principes de base ;
- **patrons de conception** : j'aborderai quelques patrons de conception de programmation et j'interrogerai la pertinence de leur pratique ;
- **complexité** : j'introduirai les notions de complexité espace-temps et la façon dont ces facteurs affectent votre logiciel et votre entreprise.

STRUCTURE

Tout naît d'une idée, d'un concept. Vous serez parfois amené à résoudre un problème sans savoir par où commencer, et vous serez seul responsable de sa résolution. Pour Antoine, notre développeur junior, il est toujours difficile de saisir tous les éléments constitutifs de la solution envisagée. Il ne parvient pas à trouver de point de départ, c'est la raison pour laquelle il lui serait bénéfique d'établir une structure.

La mise en place d'une structure est la compétence majeure à acquérir pour maîtriser l'élément Terre. Elle fournira un scénario et un contexte permettant de poser des hypothèses de résolution.

Qu'entendons-nous par structure ?

La structure est l'ensemble des blocs à partir desquels le développement peut être conçu. Elle permet l'identification des parties d'un système futur et la transformation d'un objet intangible, tel qu'un concept, en un objet tangible, tel qu'un logiciel. En réduisant un logiciel en plusieurs blocs, vous pourrez identifier les systèmes et sous-systèmes constitutifs de ce logiciel et penser à la façon dont le code sera fractionné. La structure permet ainsi d'évaluer la difficulté de résolution du problème.

Un architecte commence par définir la forme de sa solution selon ses savoirs et sa vision. Il travaille ensuite avec des éléments tangibles qui lui permettent de concrétiser sa vision, et obtient une conception mentale et figurée de sa forme finale. La structure évolue donc au fil du temps, et c'est une bonne nouvelle, car les logiciels sont des systèmes vivants. Il est important de s'assurer que la structure permet certaines évolutions sans que la totalité de l'architecture en soit affectée.

Trouver la structure

Vous disposez d'une multitude de moyens pour trouver une structure fiable : piochez dans votre expérience personnelle, dans l'écriture de diagrammes de systèmes et sous-systèmes, dans l'écriture de documentations et règles, dans l'identification de modèles de bases de données et la création de schémas, appliquez les patrons de logiciels connus et les bonnes pratiques, reprenez des méthodes spécifiques, utilisez un *framework* correspondant à un problème connu, créez des dossiers, des fichiers, des fonctions, etc.

Diviser pour mieux régner

Aussi simple que cela puisse paraître, la division d'une tâche ou d'un problème en pièces plus réduites est une des techniques les plus performantes qui soient pour maîtriser la structure.

Elle fonctionne comme suit :

- partez d'un problème donné : PROBLEM_0 ;
- décomposez le problème en sous-problèmes : PROBLEM_01 et PROBLEM_02 ;
- répétez la manœuvre ;
- recommencez jusqu'à dévoiler clairement tous les éléments de votre solution ;
- rédigez ensuite sur un cahier, des Post-it ou votre outil de gestion de tâches favori la solution qui vous semble la plus efficace en la décomposant en étapes.

Avec suffisamment d'expérience, vous serez en mesure d'identifier les éléments d'un problème dès l'instant où votre supérieur vous soumettra une fonctionnalité. Vous créerez aisément une liste de tâches et estimerez le temps nécessaire pour les coder, ce qui vous aidera à gérer une équipe de développeurs et la répartition des missions.

L'estimation du temps de code est l'une des choses les plus difficiles, il faudra vous y entraîner en permanence.

L'un des avantages de la division des problèmes est qu'elle vous permettra de traduire les tâches en fonctions et unités de tests. Pratique, non ?

Cette technique recèle un autre avantage : elle vous permet d'identifier les schémas et motifs qui reviennent, le code réutilisable, les compétences et responsabilités qui vous aideront à organiser une structure de code supérieure.

Le principe d'abstraction

Il faut du temps pour maîtriser le principe d'abstraction mais, faites-moi confiance, il vous aidera à améliorer la qualité de votre code. L'abstraction réside dans l'acte de simplifier votre code en extrayant l'essence sous-jacente d'un concept. Pour maîtriser l'abstraction, vous devez commencer par comprendre les notions de généralisation et de spécialisation.

La généralisation vous permettra de trouver des similarités et motifs (*patterns*) dans les différents éléments de votre code. La spécialisation vous permettra d'utiliser une abstraction pour résoudre un cas spécifique. Vous pouvez appliquer une abstraction à n'importe quel endroit de votre code.

Le principe d'abstraction vous sera d'une précieuse aide pour développer un code simple et élégant, créer des blocs de construction pour établir d'autres codes, réduire la duplicité de votre code et le découpler – vous aurez l'air plus malin ! Mais prenez garde : les développeurs inexpérimentés ont tendance à introduire trop d'abstraction dans leur code, ce qui en réduit la qualité.

Quelques pistes pour vous entraîner au principe d'abstraction :

- divisez votre problème ;
- nommez les parties de votre problème avec un maximum de trois mots ;
- classez-les par ordre hiérarchique ;
- imaginez la façon dont ces parties vont résoudre votre problème ;
- identifiez les similarités dans les parties ;
- imaginez la façon dont cette nouvelle abstraction va résoudre votre problème.

Vous pouvez poser le tout sur papier, tout simplement.

La composition

Maintenant que vous êtes un as de la division et de l'abstraction, vous êtes prêt pour la composition. La composition est la dernière technique de construction pour parvenir à maîtriser la structure. Grâce à la division, nous avons identifié les éléments de la solution ; grâce à l'abstraction, nous avons réparti ces éléments en blocs de construction. Voyez la composition comme un moyen de réutiliser votre code abstrait afin de créer de fabuleux composants qui vous aideront à résoudre des problèmes spécifiques.

Je sais, mon explication est simpliste. Que dites-vous de celle-ci : le principal objet de la programmation orientée composant réside dans la séparation des sujets et la composition de composants couplés autonomes en systèmes.

Je crois qu'on a perdu Antoine, je reprends pour lui.

Si vous voulez laver vos chaussettes à la machine, vous devez commencer par séparer vos chaussettes de vos chemises (séparation des sujets). Ensuite, vous devez séparer les chaussettes blanches des chaussettes rouges, sans quoi vous obtiendrez du rose. Si l'eau était fortement couplée à la partie forte du système (chaussettes rouges), elle détruirait l'autre partie du système (chaussettes blanches). C'est pourquoi nous avons impérativement besoin de composants faiblement couplés pour pouvoir créer de nouvelles fonctionnalités en ajoutant des pièces indépendantes les unes aux autres. Voyez ça comme des pièces de Lego que vous pouvez assembler pour créer un composant plus grand.

Dogmatisme ou scepticisme ?

« Si vous faites toujours la même chose, vous obtiendrez toujours le même résultat. » Il y a de la beauté dans cette phrase… Son principe est-il bon ou mauvais ?

D'un côté, un développeur fonctionnel argumenterait que c'est une bonne chose et que nous nous approchons de la définition de la fonction pure : nous pouvons utiliser les mêmes arguments de façon répétée et tomber sur les mêmes résultats, sans effets secondaires. Les fonctions pures sont faciles à tester.

D'un autre côté, un manager *corporate* opposerait qu'il est improductif d'avoir une approche classique d'un problème, que cela ne mène à aucune innovation ni amélioration pour l'entreprise. Une entreprise a besoin de mouvement et d'initiative pour progresser.

Ce que je veux réellement dire, c'est qu'il n'y a ni mieux ni moins bien en termes de structure. Il vous faut être à la fois dogmatique et sceptique, ou critique. Il n'y a pas de vérité universelle dans le développement logiciel. Le nombre de solutions pour un problème donné est équivalent au nombre de développeurs qui s'attèlent à sa résolution. Adhérez au dogme, mais soyez également sceptique face au problème rencontré : les deux positions seront source d'apprentissage et vous pourrez évaluer quelle approche est la plus bénéfique selon chaque contexte particulier.

Ainsi, considérez les enseignements de cet ouvrage comme des vérités suprêmes, tout en remettant en cause le moindre mot qui les compose.

FONDAMENTAUX

Nous sommes à mi-chemin de notre présentation de l'élément Terre : il est important que vous poursuiviez en maîtrisant les fondamentaux de votre *stack* technique. Pour ceux qui n'en sont pas familiers, le *stack* technique est l'ensemble des langages, bases de données, outils, méthodes, styles, protocoles, procédures, etc. qui composent la solution à votre problème. Il n'est pas rare que les jeunes développeurs sous-estiment la valeur des fondamentaux et tentent de créer un code complexe avant de comprendre et maîtriser pleinement les bases de leur langage.

Donc, répétez après moi : fondamentaux, fondamentaux, fondamentaux !

Connaître les fondamentaux vous permettra de passer d'une technologie à l'autre plus facilement, de vous concentrer sur votre solution plutôt que sur une technologie spécifique, de créer un code plus propre et d'être plus rapide en introduisant moins de bugs. Vous seriez surpris par le nombre de développeurs seniors dont la préoccupation première est la nomination et non plus la réduction de la complexité : dans la mesure où ils maîtrisent les fondamentaux, ils peuvent modifier leur stratégie pour créer un code plus lisible.

Que devez-vous savoir à propos de votre *stack* technique ? En premier lieu, vous devez être en mesure d'en décrire tous les éléments. Par exemple, si nous créons un site Internet qui utilise JavaScript avec le standard ES6, si nous nous tournons plus spécifiquement vers Node.js avec une programmation impérative d'une façon asynchrone pour le *back-end* et si, pour le *front-end*, nous utilisons React, avec la programmation fonctionnelle asynchrone elle aussi. C'est le style Airbnb : nous tentons d'appliquer les principes du KISS and DRY (voir pp. 56-57) dans le paradigme de programmation orientée composants. Nous stockerons les données dans une base de données relationnelles selon les principes ACID (atomicité, cohérence, isolation, durabilité).

Après avoir décrit votre *stack*, vous serez en mesure de comprendre les bases de votre langage, de votre syntaxe, de vos structures de contrôle, de vos fonctions logiques, etc. Vous appréhenderez plus précisément la façon dont votre langage est conçu pour résoudre un problème spécifique. Vous accéderez également à une meilleure maîtrise des outils et technologies complémentaires, du style du code et du *framework* spécifique. Fort heureusement pour nous, le principe de Pareto (voir p. 90) peut nous venir en aide pour évaluer rapidement un *stack*.

Programmation fonctionnelle ou programmation impérative ?

Antoine, notre développeur junior, a appris la programmation algorithmique, dans laquelle le développeur décrit les étapes qu'un ordinateur doit passer pour résoudre un problème. Le plus souvent, cela se rapproche d'une programmation impérative. Dans un processus naturel de curiosité, Antoine découvrira qu'il existe d'autres approches du code. Satisfaisons donc sa curiosité en présentant les principes de la programmation fonctionnelle.

- Les **fonctions pures** (*pure functions*) : une fonction qui, lorsqu'elle reçoit des données entrantes identiques, fournit systématiquement des données sortantes identiques, sans générer d'effets secondaires.
- La **composition de fonctions** (*functions composition*) : le processus de combinaison des fonctions, dans le but d'en produire une nouvelle.
- L'**état partagé** (*shared state*) : l'état partagé est n'importe quel espace mémoire (variable, objet) existant dans un espace partagé déterminé. Il est à éviter.
- **Immuabilité** (*immutability*) : cette fonction établit qu'un objet ne peut subir aucune modification après avoir été créé.
- **Sans effets de bords** (*no side effects*) : un effet de bord est entendu comme toute modification d'état ou de valeur en dehors de son environnement local, ayant un effet observable en dehors du retour de valeur.

Programmation impérative	**Programmation fonctionnelle**
La programmation impérative utilise des instructions qui modifient l'état du programme.	La programmation fonctionnelle est un paradigme qui voit le calcul comme étant l'évaluation de fonctions mathématiques en s'abstenant du changement d'état et des données modifiables.
La programmation impérative contient « si » (*if*), « sinon » (*else*), « pendant » (*while*), « boucles *for* » (*for loops*), ainsi que des fonctions, classes et objets.	La programmation fonctionnelle inclut des appels de fonctions et des fonctions d'ordre supérieur.
La programmation impérative se préoccupe de la description du fonctionnement d'un programme.	La programmation fonctionnelle se concentre sur l'information désirée et les transformations nécessaires.
La programmation impérative est plus aisée.	La programmation fonctionnelle est difficile.

Cet ouvrage ne prétend pas vous enseigner la programmation fonctionnelle, mais il propose de vous accompagner dans la découverte de nouveaux moyens de développer vos compétences.

*« Vous vouliez une banane,
mais vous avez eu un gorille
avec une banane à la main,
et toute la jungle autour. »*

Joe Armstrong

Synchrone ou asynchrone ?

Je vais éclairer ces deux concepts au moyen d'exemples.

Exemple 1 : Vous faites la queue pour entrer dans un restaurant bondé. Pour y entrer, vous devez attendre que la file d'attente soit épuisée, et donc que les clients déjà assis aient été servis et aient terminé leur repas.

Exemple 2 : Après 20 minutes d'attente dans la file, vous avez enfin une place et vous passez commande. Les clients des autres tables font de même, au même moment. Les clients seront servis dès que leurs commandes seront prêtes.

Comme vous vous en doutez, le premier exemple illustre le concept synchrone, dans lequel vous devrez attendre que les clients situés devant vous entrent dans le restaurant.

C'est ce que l'on appelle une opération de blocage (*blocking operation*). Le second exemple est un processus de non-blocage (*non-blocking process*). Il décrit une opération asynchrone qui commence par la prise de commande des plats et se termine par leur livraison.

Dans le style synchrone, vous écrivez votre code comme des étapes devant être exécutées les unes après les autres. Chaque étape exécutée met en route la suivante. Dans le style asynchrone, vous concevez le code sous forme de tâches exécutées concomitamment, ce qui signifie qu'elles peuvent être mises en action au même moment et qu'elles seront, en général, complétées par la livraison d'un événement ou d'un rappel (*callback*).

L'opération asynchrone nous mène donc aux concepts de simultanéité (*concurrency*) et de parallélisme. La simultanéité est une technique utilisée pour réduire le temps de réponse d'un système en utilisant une unité de contrôle unique ou un contrôle séquentiel. Le parallélisme est une technique utilisée pour l'exécution simultanée de tâches distinctes grâce à plusieurs unités de contrôle indépendantes, qui permettent d'augmenter la vitesse de traitement. Vous devez donc comprendre comment ces concepts s'appliquent à votre *stack* technique ou à votre langage.

Choisir le bon langage pour la bonne tâche

Il est essentiel de choisir le langage qui convient le mieux à l'exécution d'une tâche définie. Si vous êtes confronté à cette problématique, cela signifie généralement que votre poste dans l'entreprise est déjà valorisé : on vous confie une décision, ce qui implique une responsabilité. Le choix du langage soulève plusieurs interrogations : êtes-vous certain que changer de langage est une bonne solution ? Êtes-vous certain que le reste de l'équipe saura s'adapter à ce nouveau langage ? Évaluons donc ensemble quelques critères essentiels dans le choix d'un nouveau langage.

- **Le langage est-il adapté à la tâche ?**

La première chose à déterminer est le niveau de performance du langage par rapport à la tâche que vous devez résoudre.

- **Quelle est la courbe d'apprentissage de ce langage ?**

Chaque langage présente un coût d'entrée, défini par sa courbe d'apprentissage et votre capacité à intégrer de nouvelles compétences. Il est important de le prendre en compte.

- **Votre équipe maîtrise-t-elle déjà ce langage ?**

Si vous travaillez seul, la question ne se pose pas réellement, mais il est bon de prendre l'habitude de se glisser dans le costume d'un chef d'équipe et d'anticiper les besoins de celle dans laquelle vous évoluez. En tant que dirigeant, vous serez peut-être amené à accompagner votre équipe dans la transition vers ce nouveau langage et à adapter vos effectifs en fonction de vos besoins.

- **Ce langage est-il assez répandu ?**

Assurez-vous que le langage que vous envisagez d'adopter est assez répandu pour vous permettre de trouver des développeurs qualifiés répondant à votre demande.

- **La communauté est-elle assez structurée et importante ?**

L'existence d'une large communauté est primordiale pour pouvoir trouver des lexiques, paquets, solutions, forums, etc. : c'est un facteur de choix décisif. Assurez-vous par exemple que les ressources nécessaires à l'apprentissage du langage sont disponibles et accessibles.

- **Le langage est-il assez mature ?**

Plus il sera mature, plus il aura d'adeptes, et plus vous aurez accès à une communauté active.

Le plateau de l'apprentissage

Il est souvent difficile pour les jeunes développeurs de dépasser un certain niveau lié au changement de langage. Ils atteignent rapidement un premier niveau de performance et cessent de travailler à leur progression. Une fois que l'effet de nouveauté passe et que le processus d'apprentissage entre dans une phase d'inertie, leur motivation chute et leurs performances en sont affectées. Pris dans la routine, ils feront face à de nouveaux problèmes de manière mécanique, sans leur accorder suffisamment d'attention.

Nous ne pouvons pas laisser Antoine commettre cette erreur !

Pour éviter d'atteindre ce fameux plateau, commencez par identifier les éléments de votre code que vous résolvez systématiquement de la même façon. Cherchez ensuite une solution innovante, en dehors de votre zone de confort. Lisez ou regardez un tutoriel qui s'y rapporte – 30 minutes suffisent généralement à changer d'approche –, puis refactorisez cette solution. N'hésitez pas à suivre ce protocole chaque fois que vous avez le sentiment d'atteindre un plateau d'apprentissage.

Souvenez-vous, c'est en forgeant que l'on devient forgeron

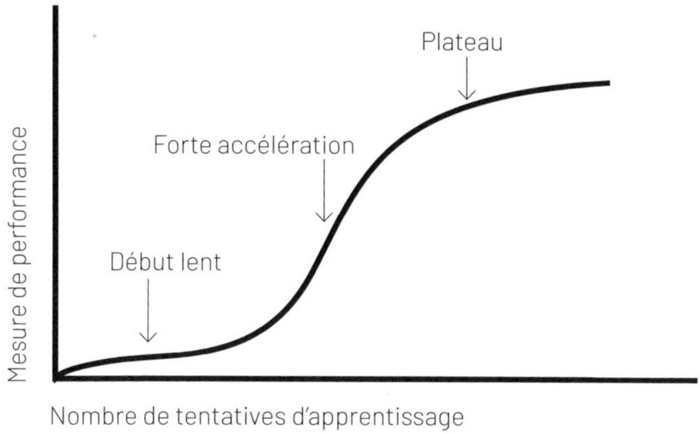

CODE

Vous codez depuis des années et vous avez pris conscience de l'impact de votre travail sur votre équipe et sur votre produit. Votre code est vérifié et validé au sein de sessions de révisions de code et vos collègues approuvent vos modifications avant de les intégrer. À ce stade de votre carrière, vous avez la possibilité de vous exprimer tout en produisant un code propre. Vous changerez peut-être de poste ou d'emploi, mais votre code persistera et continuera de bénéficier à l'entreprise : il aura un impact sur ses résultats. Vous êtes devenu un auteur à part entière et votre équipe constitue votre premier public. Il est donc temps d'affûter vos compétences et de créer le meilleur code possible.

Qu'est-ce qu'un code propre (*clean code*) ? Une multitude de définitions coexistent, émanant d'une multitude de grands auteurs. Je vais donc humblement tenter d'y ajouter la mienne : réaliser un code propre, c'est être respectueux de votre public. Le code propre est lisible, clair, testable et, surtout, il fonctionne correctement. Si vous respectez ces conditions, vous améliorerez votre productivité : il ne vous restera qu'à faire de la maintenance et à débugger quand nécessaire. Votre équipe et vous travaillerez plus confortablement, vous éprouverez fierté et motivation. Je vous propose quelques principes fondamentaux que vous pourrez mettre en application immédiatement pour cela.

DRY

Don't repeat yourself (« évite les répétitions ») est un principe établi par Andrew Hunt et David Thomas dans *The Pragmatic Programmer: From Journeyman to Master*. Le principe est le suivant : « Chaque élément de savoir doit avoir une seule représentation au sein d'un système, inéquivoque et fiable. »

Pour le dire simplement, ne répétez pas le même code, la même structure, encore et encore. À de trop nombreuses reprises, je me suis surpris à utiliser le même modèle partout dans un système. Cette habitude est à l'origine de nombreux problèmes, notamment lorsque l'on souhaite effectuer un petit changement. Disons que je copie-colle la même fonction à six reprises : à chaque fois que je souhaite réparer un bug, je dois modifier les six fonctions en conséquence. Il n'est pas rare d'oublier de les modifier toutes, et le bug resurgit alors, ne causant que frustration.

Le principe DRY permet de répondre à cette problématique. Il s'agit de placer la fonction en question dans un dossier distinct, que l'on importe à chaque fois que l'on souhaite l'utiliser. À chaque fois que l'on détecte un bug qui affecte la fonction, il suffit de modifier la fonction d'origine. C'est comme si cette fonction était la source de toute vérité. Mieux encore : comme j'ai pu créer un test unitaire (*unit test*) dédié à cette fonction, j'aurai la garantie qu'elle fonctionne correctement. J'ai donc réduit le nombre de lignes de code, il est plus lisible et plus facile à entretenir. Comme vous le savez, moins on a de lignes de code, moins on a de bugs dans un système. Vous pouvez appliquer ce principe aux fonctions, aux classes, aux données, aux structures, etc. Allez même jusqu'à l'appliquer à votre vie (professionnelle ou non) : repérez les processus répétitifs dans votre quotidien et automatisez-les.

KISS

Keep it simple, stupid (« fais simple, idiot ») a été défini par l'ingénieur américain Kelly Johnson. Ce dernier s'est appuyé sur la logique développée par l'armée, qui prévoit qu'un avion militaire doit pouvoir être réparé à l'aide d'un équipement minimal en conditions de combat. Selon ce principe : « Une solution simple est meilleure qu'une solution complexe, y compris si elle semble idiote. » Afin d'éviter la suringénierie au cours de vos premières années d'expérience, gardez ce principe d'efficacité à l'esprit. Le principe KISS établit qu'une solution est meilleure lorsqu'elle se passe d'éléments gadgets tels que les classes, héritages, modèles, etc. Une solution simple sera plus facile à entretenir, puisqu'elle sera plus lisible, compréhensible et modifiable.

Comme vous le savez, moins il y a de complexité, moins on introduit de bugs dans un système. On pourrait m'opposer que cela écarte mécaniquement le code de pointe, et cela n'est peut-être pas faux. Cependant, le code est un processus itératif, qui vise à résoudre un problème auquel vous êtes confronté. Vous aurez le temps d'y revenir et d'actualiser certains éléments de votre système avec de nouvelles fonctionnalités. Il est intéressant de penser l'architecture de votre système et son développement futur afin d'anticiper la façon dont cela affectera votre code, mais vous devez surtout trouver le moment opportun de mettre cette architecture en place. Je vous en conjure : si quelque chose fonctionne, ne tentez pas de le réparer.

YAGNI

You aren't gonna need it (« tu n'en auras pas besoin ») est un principe de programmation extrême posé par Ron Jeffries : « Implémentez les choses lorsque vous en avez réellement besoin, pas lorsque vous anticipez que vous en aurez besoin. » Ce principe est tout à fait complémentaire du principe KISS.

Comme nous l'avons déjà évoqué, nous passons beaucoup de temps à penser aux évolutions futures de notre code. J'ai rencontré toutes sortes de développeurs, juniors et seniors, qui avaient du mal à intégrer ce principe lorsqu'ils tentaient de résoudre un problème simple. Ils passent donc plus de temps que prévu à exécuter des tâches simples, monopolisant ainsi l'argent et les ressources de leur entreprise. Il faut du temps à un développeur pour renoncer à son ego, à montrer son code nu, sans l'enjoliver inutilement.

Quelle est donc la stratégie intelligente, dans ce cas ? Je vous invite à choisir la solution la plus simple en premier lieu, puis à faire une liste de tâches, en commentaires dans votre code, qui inclut votre nouvelle proposition. Vous pourrez proposer cette nouvelle amélioration lors de votre prochain *sprint planning*, et votre équipe et vous serez en mesure d'évaluer sa pertinence et sa priorité.

Quels sont les avantages de l'approche YAGNI ? Votre code sera mieux orienté. Vous vous sentirez plus productif. Votre produit aura une croissance plus rapide, et votre entreprise pourra le mettre sur le marché plus rapidement.

RTFM

Read the fucking manual (« lis le putain de manuel ») est un principe anonyme apparu en 1979. Il insiste sur le fait qu'un certain volume de recherches est attendu avant de poser des questions. Ça peut ressembler à une plaisanterie et nombre de personnes s'opposent à ce principe, puisqu'il implique un sous-entendu péjoratif.

Illustrons le propos ainsi : Antoine vit son premier mois de travail à la sortie de l'université. Il a rejoint une équipe de quatre développeurs, et aucun n'a l'air d'avoir dormi suffisamment depuis des années. Antoine rayonne de jeunesse et d'énergie, il découvre une nouvelle infrastructure de développement, de nouvelles méthodes. Son cerveau bouillonne d'idées et de doutes. Dans son élan, il pose à son chef d'équipe toutes les questions qui lui viennent. Cela ne lui donne pas une image très positive, puisque ses collègues imaginent qu'il est parfaitement ignorant.

Antoine connaît en réalité certaines des réponses à ses questions, il lui suffirait de respirer et de réfléchir pour les formuler lui-même. Pour les autres… elles sont dans le manuel.

Proposons donc une autre stratégie à Antoine, pour qu'il puisse débloquer la situation : prendre 10 minutes pour marcher. Marcher, s'assurer que le sang circule, respirer profondément et, pendant ce temps, penser à un événement agréable de sa vie, comme ses dernières vacances. Ensuite (et seulement ensuite), verbaliser la question ou le problème à résoudre. Grâce à cette technique, Antoine oxygènera son sang, son cerveau fonctionnera mieux, il l'aura entraîné à se placer dans une énergie positive. En formulant le problème à ce moment, la solution apparaîtra devant ses yeux, tout simplement ! Antoine pourra se pencher de nouveau sur la documentation et y trouver les solutions plus clairement.

PATRONS DE CONCEPTION

Tous les développeurs ont besoin de temps pour apprendre à identifier et utiliser les patrons, mais les êtres humains sont les meilleures machines à reconnaissance de modèles qui soient. Nous avons la capacité d'en reconnaître une variété impressionnante et de les transformer en structures. Les patrons sont applicables n'importe où dans le code, mais il n'est pas utile de le faire : cela dépendra de votre maturité et de celle de votre équipe, ainsi que de la qualité de votre *codebase*. C'est la base sur laquelle vous pourrez décider si l'application de patrons de conception est appropriée.

Mais, qu'est qu'un patron de conception ? Ce sont des concepts qui vous aideront à résoudre un problème.

Antoine n'est pas certain de comprendre...

C'est simple, Antoine : un patron de conception fournit la description de résolution d'un problème spécifique, mais dont l'implémentation finale variera peut-être en fonction de votre code. Donc, oublions le copier-coller.

Vous pouvez évidemment vous passer de patrons de conception, mais il est toujours bon de comprendre leur fonctionnement et leur capacité à résoudre des problèmes bien connus. La compréhension des patrons de conception améliorera la lisibilité de votre code, sa maintenabilité et la possibilité de le réutiliser, ce qui facilitera la communication entre les développeurs.

Mais Antoine a entendu pas mal de choses négatives à ce propos...

C'est évident : on ne peut pas plaire à tout le monde. Il arrivera que vous réalisiez, en utilisant des patrons de conception, que votre code est plus complexe qu'envisagé, et il arrivera aussi que vous utilisiez trop de patrons de conception pour résoudre une tâche simple. C'est pourquoi il est important de ne pas réinventer la roue et d'utiliser des patrons appropriés au problème. Prenons un moment pour détailler les plus courants d'entre eux.

Patrons de création

En travaillant sur une conception orientée objet, il peut arriver d'introduire des dépendances qui réduisent la flexibilité du code, causées par une surutilisation du nouvel opérateur.

Les patrons de création règlent ce problème en découplant le client du processus d'initialisation. Ils gèrent la façon dont les objets sont créés, composés et représentés.

Le patron singleton

Ce patron de création surveille l'initialisation des objets d'une classe en particulier, en s'assurant qu'une unique occurrence de l'objet existe.

Comment m'assurer qu'une classe ne comporte qu'une occurrence ? Comment le nombre d'occurrences d'une classe peut-il être restreint ?

La fabrique

La fabrique (*factory method*) définit une interface de création d'un objet, tout en laissant les sous-classes choisir la classe à initier.

Comment initier l'objet approprié d'une sous-classe ?

La fabrique abstraite

La fabrique abstraite (*abstract factory*) fournit une interface de création de familles d'objets dépendants ou liés, sans spécifier leur classe concrète.

Comment une application peut-elle être indépendante de la façon dont ses objets sont créés ? Comment une classe peut-elle être indépendante de la façon dont les objets qu'elle requiert sont créés ?

Le monteur

Ce patron fournit une solution flexible pour séparer la construction d'un objet complexe de sa représentation.

Comment une classe peut-elle créer différentes représentations d'un objet complexe ? Comment une classe qui inclut la création d'un objet complexe peut-elle être simplifiée ?

Patrons de structure

Ce type de patrons permet d'assembler les objets et les classes en structures plus grandes, tout en conservant leur flexibilité et leur efficacité. Ils gèrent la composition des classes et des objets et fournissent des façons variées d'utiliser la composition et la succession pour créer de l'abstraction.

Le proxy

Il permet de créer un intermédiaire qui agit comme une interface vis-à-vis d'une autre ressource.

Comment puis-je obtenir la version simplifiée d'un objet ? Comment accéder à un objet de façon plus sécurisée ?

Le décorateur

Il permet d'ajouter un paramètre de comportement à un objet individuel, sans affecter le comportement d'autres objets au sein de la même classe.

Comment ajouter une responsabilité à un objet de façon dynamique et pendant l'exécution (run time) *? Comment étendre le comportement d'un objet en utilisant la succession ?*

L'adaptateur

Il suit l'interface d'une classe existante, vouée à être utilisée comme une autre interface.

Comment les classes fonctionnant avec des interfaces incompatibles fonctionnent-elles ensemble ? Comment utiliser les sous-classes dont les fonctionnalités communes sont absentes ?

Le pont

Il permet de découpler une abstraction de son implémentation, de façon à ce que les deux puissent varier indépendamment l'une de l'autre.

Comment diviser une classe monolithique comportant plusieurs variantes de fonctionnalités ? Comment changer d'implémentation lors de l'exécution ?

La façade

Elle fournit une interface simplifiée pour une librairie, un *framework* ou une série de classes complexes.

Comment limiter l'interface à un système complexe ? Comment structurer un sous-système en couches ?

Patrons de comportement

Les patrons de comportement (*behavioural design*) gèrent la communication effective et désignent les responsabilités entre les objets. Ils identifient les modèles de communication communs entre les objets et augmentent la flexibilité dans la transmission des communications.

La chaîne de responsabilité

C'est une façon de transmettre une demande au sein d'une chaîne d'objets.

Comment découpler l'émetteur et le récepteur d'une commande ?

La commande

Elle a pour but d'encapsuler toutes les données requises pour produire une action donnée, au sein d'un même objet.

Comment configurer un objet incluant une demande ?

Le médiateur

Il réduit la complexité et les dépendances entre des objets couplés étroitement, qui communiquent directement l'un avec l'autre.

Comment réduire la dépendance entre objets ?

Le memento

Il offre une solution pour rétablir une implémentation précédente.

Comment revenir à un état antérieur ?

Il existe de nombreux autres patrons de ce type :

- l'**interprète** (*interpreter*), une façon d'inclure des éléments de langage dans un programme ;
- l'**objet vide** (*null object*), qui est conçu pour agir comme valeur par défaut d'un objet ;
- l'**observateur**, une façon de notifier une modification à plusieurs classes ;
- l'**état**, qui permet à un objet de modifier son comportement sans changer de classe ;
- la **stratégie**, qui encapsule un algorithme dans une classe ;
- le **patron de méthode** (*template method*), qui reporte les étapes précises d'un algorithme dans une sous-classe ;
- le **visiteur**, qui définit une nouvelle opération dans une classe, sans changement.

Patrons de conception fonctionnelle

Les patrons de conception fonctionnelle (*functional design*) sont spécifiquement conçus pour les paradigmes de programmation fonctionnelle.

La fermeture

Une fermeture (*closure*) est une technique visant à implémenter une portée lexicale. Elle classe une fonction dans un environnement.

La curryfication

La curryfication (*currying*) est une méthode permettant de traduire l'évaluation d'une fonction intégrant plusieurs arguments en l'évaluation d'une séquence de fonctions, chacune comportant un seul argument.

La composition de fonctions

La composition de fonctions (*function composition*), ou composition d'applications, est un mécanisme qui combine des fonctions simples pour en construire de plus complexes.

Le foncteur

Un foncteur (*functor*), ou objet-fonction, est une construction permettant à un objet d'être appelé de la même façon qu'une fonction ordinaire.

La monade

La monade permet de structurer un programme de façon générique, tout en automatisant le code passe-partout requis par la logique du programme.

Le générateur

Un générateur est un itérateur pouvant être utilisé pour contrôler le comportement d'itération d'une boucle.

COMPLEXITÉ

Le but ultime d'un développeur est de décomplexifier. Cette compétence est la dernière étape du processus de maîtrise de l'élément Terre. La complexité peut prendre mille formes et se nicher dans autant d'endroits. On pourrait la décrire comme étant la relation, ou la friction, entre différentes parties d'un système. Elle est comparable aux échanges entre des êtres humains à propos de la promotion d'un produit ou d'un service.

Il est aisé de définir le temps et les ressources nécessaires à la résolution d'un problème. C'est pourquoi, en tant que développeurs, nous devons gérer la complexité de façon élégante, afin d'éviter que notre solution ne devienne inefficace à plus grande échelle. Il existe de multiples façons de résoudre un problème donné, mais la solution fournie n'est pas toujours la plus optimale ou la plus performante. Nous devons donc apprendre à comparer et évaluer les performances de plusieurs algorithmes, et opter pour celui qui correspond le mieux à un problème donné.

Analysons la complexité temporelle et la complexité spatiale.

Complexité temporelle

La complexité temporelle quantifie le volume de temps nécessaire au fonctionnement d'un algorithme. Par exemple, si un site internet met plus de 30 secondes à répondre à une demande, l'expérience de l'utilisateur est pénible, et il sera probablement tenté de le quitter. La complexité temporelle permet d'évaluer la performance de plusieurs implémentations d'une solution, afin de découvrir celle d'entre elles qui fournit le plus de satisfaction.

Complexité spatiale

La complexité spatiale quantifie la mémoire nécessaire au fonctionnement d'un algorithme. Par exemple, si un processus requiert 2 Go pour répondre à une demande, et que le nombre de requêtes traitées est élevé, la facture sera possiblement énorme à la fin du mois, et le serveur risquerait de planter. Il est donc ici question d'évaluer la performance de plusieurs implémentations d'une solution, afin de découvrir laquelle d'entre elles est optimale. Nous devons prendre en considération l'espace auxiliaire et l'espace de données entrantes pour calculer la complexité spatiale.

Cela signifie que vous pouvez avoir une solution parfaitement fonctionnelle dans votre environnement de développement, mais qui échoue en production ! Peut-être cette solution a-t-elle pris une ampleur exponentielle dans la mesure où le volume de données est plus important qu'il ne l'était lors de votre phase de développement. Pour éviter que votre production n'échoue dans sa totalité, vous pouvez évaluer la performance d'un algorithme en utilisant la comparaison asymptotique de notation grand O.

La notation grand O

La notation grand O est utilisée pour classer les algorithmes selon leur temps ou espace d'exploitation, à mesure que le volume des données entrantes augmente. Passons en revue les notations grand O les plus courantes, où n est le volume de données et T, le temps :

- **O(1)** ou **temps constant** : le temps d'exécution d'un algorithme reste égal, indépendamment des données entrantes (le temps d'accès d'un élément à une matrice, par exemple) ;
- **O(n)** ou **temps linéaire** : le temps d'exécution d'un algorithme augmente de façon linéaire en fonction du volume de données entrantes. Par exemple, si l'on attend 1 ms pour l'itération d'un élément dans une boucle, cela demandera 100 ms pour itérer 100 éléments ;
- **O(log n)** ou **temps logarithmique** : le temps d'exécution d'un algorithme est proportionnel au logarithme du volume des données entrantes. Par exemple, un algorithme de recherche binaire dans lequel l'algorithme divise le problème en sous-problèmes de taille équivalente ;
- **O(n^2)** ou **temps quadratique** : le temps d'exécution d'un algorithme est proportionnel au carré du volume des données entrantes (l'algorithme tri à bulles, ou tri par propagation, par exemple) ;
- **O(c^n) pour c > 1** ou **temps exponentiel**, qui ralentit à mesure que le volume des données entrantes augmente, soit si n = 1 000.000, T(n) = 21 000.000 (l'algorithme de force brute, par exemple) ;

- **O(n!)** ou **temps factoriel** (le problème du voyageur de commerce [TSP, *travelling salesperson problem*], par exem2ln).

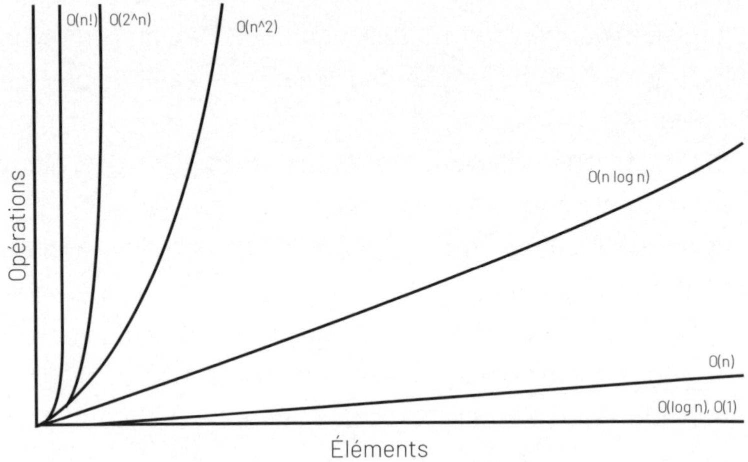

Vous trouverez sur le site bigocheatsheet.com une antisèche qui vous sera très utile pour calculer vos complexités de temps et d'espace. En plus, elle est téléchargeable en PDF !

Le compromis temps-espace

Un problème ne peut pas avoir à la fois un faible niveau de consommation de temps et une faible consommation de mémoire. Vous pouvez utiliser plus de mémoire pour résoudre un problème rapidement. Par exemple, disons que vous faites fonctionner sur votre machine un site internet avec des algorithmes complexes. Vous n'avez pas prêté attention à la complexité, et le code fonctionne parfaitement bien : vous utilisez un ordinateur flambant neuf, qui distribue les ressources de façon appropriée pour faire fonctionner ce code. Après avoir déployé le même code dans l'environnement de production, le code s'exécute toujours parfaitement, donc... où est le problème ? Votre collègue du marketing, sans vous en avertir, lance une campagne pour ce site, ce qui génère un pic de trafic énorme. Les ressources du serveur s'amenuisent puisqu'elles se répartissent entre chaque connexion. Le CPU tombe en panne, le temps de réponse s'allonge, le volume de mémoire consommé atteint des sommets, jusqu'à ce que le serveur redémarre.

Bravo, vous avez construit une solution sans penser à son évolution ! Elle ne fonctionnera pas dans un environnement de production exigeant.

FEU

Céline est une adolescente passionnée de mangas, de films d'animation et de science-fiction. Elle est très créative, elle personnalise ses vêtements et elle passe des heures à lire après l'école. Elle a commencé à s'intéresser au code en assistant à un atelier extrascolaire avec ses amis, où elle a appris *Scratch*. Elle a immédiatement aimé pouvoir créer une histoire simplement. Ce n'était au début qu'un passe-temps, mais après avoir créé quelques aventures graphiques, elle a pris son courage à deux mains et les a montrées à ses amis, dont l'enthousiasme a été unanime. Puisque ça l'amusait, elle a décidé de creuser un peu plus.

Elle voulait comprendre ce qu'elle pouvait faire de plus avec un code plus sophistiqué, et c'est ainsi qu'elle a rencontré Antoine, un ami d'ami étudiant en sciences de l'informatique, afin de savoir par où elle devait commencer. Antoine lui a recommandé de se former sur les technologies du Web, sur lesquelles l'information était abondante et accessible en ligne. Il connaissait un site sur lequel elle trouverait un grand nombre de tutoriels, freeCodeCamp, et il lui a conseillé de commencer avec une certification en *Responsive web design* afin qu'elle puisse ajouter du graphisme à ses textes. Il a ajouté qu'il serait bon qu'elle consulte devdocs.io, pour avoir un accès immédiat à toute la documentation légale.

En rentrant chez elle, elle a démarré son aventure de développeuse autodidacte. Elle était très motivée par cette certification : elle a passé trois heures par jour à étudier, et il ne lui a fallu que quatre mois pour compléter sa formation. Elle était si satisfaite qu'elle a commencé à assister à des *meetups* de développeurs. Un jour, pendant la pause pizza d'une de ces rencontres, elle a fait la rencontre d'un type qui faisait la promotion d'un *bootcamp* d'été. Il s'agissait d'un camp de neuf semaines, qui se déroulerait à proximité d'une plage, et auquel d'autres jeunes participeraient. Que demander de plus ? L'expérience a été riche : elle y a découvert JavaScript et saisi tout le potentiel du code. Ce qui avait démarré comme un passe-temps s'est transformé en passion.

Le temps a passé depuis, et Céline code maintenant depuis une année complète. Elle sait créer un site internet de A à Z. Elle regorge d'idées, mais elle manque encore d'expertise pour pouvoir gérer des projets de plus grande envergure. Elle va avoir besoin de travailler avec d'autres développeurs pour s'initier, et c'est la raison pour laquelle elle a prévu de s'inscrire dans une école où elle suivra un cursus sur deux ans plutôt que d'aller à l'université : elle veut se concentrer sur le code pour construire ses projets. Elle y apprendra la programmation impérative, la programmation fonctionnelle, la programmation orientée objet, les algorithmes, l'IA et le graphisme. Toutes ces compétences seront applicables à la programmation système, aux réseaux, à l'administration système, à la sécurité, aux bases de données et au calcul parallèle. Elle pense que l'université n'est pas faite pour elle, et que de cette façon, elle sera en mesure de trouver un emploi bien rémunéré dans un domaine qui la passionne.

Céline est une personne déterminée et autonome, qui se passionne pour ce qu'elle entreprend. Elle est engagée et concentrée, et elle aime comprendre les choses par elle-même. Elle manque de pratique dans le travail en équipe, et elle n'est pas prête à travailler en entreprise. Elle pourra tout de même trouver un poste en tant que stagiaire ou intégratrice, ce qui lui permettra d'apprendre à travailler en équipe, à résoudre des problèmes importants et à appliquer les bonnes pratiques.

Si Céline poursuit sur cette voie et qu'elle continue à apprendre, elle atteindra son but tôt ou tard.

Céline est à dominante Feu.

INTRODUCTION

Caractéristiques

Le développeur Feu est autonome, motivé et passionné. Il tentera de vous impressionner avec toutes sortes de tours et il aura tendance à utiliser toutes sortes d'outils et librairies. Il avance vite, utilise des codes *open source* plutôt que des codes qu'il aurait écrits lui-même, ce qui le rend fortement dépendant des autres développeurs. Il est généralement extraverti et ambitieux.

Forces et faiblesses

Forces	Faiblesses
Forte motivation	Tendance à s'épuiser au travail
Développement personnel rapide	Incapacité à résoudre des problèmes complexes
Spécialisation	Manque de flexibilité
Fréquentation agréable	Manque de connaissances de base, besoin d'apprendre à travailler en équipe

Suivez-moi

Au cours des prochains chapitres, j'aborderai avec Céline l'élément Feu à travers les points suivants :

- **code hérité** : je parlerai de la problématique de l'utilisation du code d'une autre personne, ou code hérité, et j'identifierai des pistes de gestion de ces situations ;
- **refactorisation** : j'aborderai le processus de refactorisation et l'organisation à adopter pour éviter les échecs ;
- **apprentissage** : je prendrai le temps de montrer l'importance de maintenir une courbe d'apprentissage tout au long d'une carrière, et je proposerai quatre techniques pour y parvenir ;
- **agilité** : j'introduirai le problème de la *rat race*, cette course folle du quotidien, et une façon agile de l'éviter ;

- **burn out** : dans ce chapitre, je parlerai des principales causes du burn out et tenterai de définir l'état d'esprit qui vous aidera à l'éviter.

CODE HÉRITÉ

Il arrive que nous ayons à plonger dans la douleur ; c'est souvent ce qui se produit lorsque l'on doit travailler avec un code hérité ou patrimonial (*legacy code*). Clarifions : je parle ici du code que vous n'avez pas développé, mais que vous devez entretenir et améliorer. Il s'agit du code développé par plusieurs autres professionnels ayant travaillé sur le même projet, sans partager les mêmes objectifs et préoccupations. De nombreuses modifications sont intervenues dans le processus de création du code ; les développeurs, les outils et les versions de langage ont changé. Résultat : il est inadapté aux nouvelles technologies, et celles qui sont en place sont désormais dépréciées ou obsolètes. Ce code se fonde sur des hypothèses alambiquées et contient des nœuds complexes, des *bottlenecks* (goulots d'étranglement) épineux, pour lesquels aucune documentation ni commentaire fiable n'est disponible.

Pour Céline, notre développeuse autodidacte, le code ancien est difficile à comprendre. Souvenons-nous qu'elle a été formée sur les versions les plus récentes des technologies et méthodologies : après avoir revu quelques lignes de code, elle est convaincue de ne pas pouvoir mieux faire. C'est ce qui la conduit à proposer de repartir de zéro, comme elle en a l'habitude. Erreur de débutante ! Les entreprises sont des machines à produire de la rentabilité que rien ne doit arrêter.

Comment, dans ce cas, aborder un code hérité ?

Dans la plupart des cas, il est bon de considérer le code hérité comme un partenaire dans une relation : il est nécessaire de faire des concessions. En premier lieu, il faut comprendre le produit, les besoins du marché et la feuille de route. Ensuite, il vous faudra évaluer la qualité des différentes parties du code et les problématiques que vous allez rencontrer. Enfin, il vous faudra en discuter en équipe afin de réellement comprendre la raison pour laquelle les choses ont été faites de cette façon, et s'il est réellement pertinent de refactoriser ou de reprendre une fonctionnalité entièrement. Dans certains cas, la refactorisation ou la refonte seront indiquées et, dans d'autres, vous aurez à faire des concessions pour adapter votre code à celui déjà existant.

Évaluer les idées

Le fait de travailler avec un code existant requiert l'évaluation des idées : celles du code en question, et les vôtres à son propos. Cela requiert aussi leur révision sous forme de code, afin d'identifier ce que vous pouvez envisager de refactoriser. L'amélioration des idées par le biais de l'identification de potentiels problèmes d'implémentation permet de se préparer aux actions appropriées pour résoudre ces difficultés.

Vous avez besoin d'un cadre dans lequel comparer et choisir les idées correspondant le mieux à vos priorités et limites. Je vous propose le processus suivant : identifiez les idées qui pourront potentiellement être refactorisées ; présentez l'idée à un développeur expert de la technologie concernée ; enfin, validez l'idée avec le développeur expert et votre supérieur.

Maintenant que nous avons un cadre simple, voyons trois méthodes d'évaluation.

Le test *pass/fail* (échec/réussite)

Cette méthode sera à appliquer dans les cas où vous aurez un grand nombre d'idées à évaluer, dont il faudra réduire le nombre. En établissant un critère simple, comme le temps, la compatibilité technologique, le budget, etc., vous pourrez supprimer les idées qui ne sont tout simplement pas viables selon le critère en question.

La matrice d'évaluation

Cette méthode simple à implémenter demande peu de temps de révision et permet une comparaison efficace. En créant une nouvelle matrice de cinq critères dans la première colonne, et en mettant la nouvelle idée dans la première ligne, vous obtiendrez une suggestion d'amélioration pour chaque idée. Le conducteur notera chaque idée, correspondant à chaque critère, de 0 à 5.

L'analyse SWOT

Il s'agit d'un simple schéma indiquant les forces, faiblesses, opportunités et risques potentiels (*strengths, weaknesses, opportunities, threats*, d'où l'acronyme) d'une idée, ce qui vous fournit une analyse globale de celles étant passées par la matrice d'évaluation. Il est intéressant de développer au préalable le contexte de votre idée, cela vous permettra de mieux appliquer cette méthode d'analyse.

La dette technologique

La vie est une concentration de choix, et chacun d'entre eux implique un investissement qui s'ancrera dans le temps. Les mauvais choix entraîneront de la complexité, de la confusion, du désordre, de l'incohérence et de la dépendance au code, et produiront ainsi ce que l'on appelle communément de la dette technologique. Nous pouvons donc dire que la dette technologique est la conséquence de mauvais choix. Des mauvais choix qui augmenteront la quantité de travail que vous aurez à fournir dans tous vos développements.

Mais pourquoi faisons-nous de mauvais choix ?

Il existe une multitude de raisons pour lesquelles nous faisons de mauvais choix, augmentant ainsi la dette technologique, et je vais dresser la liste des plus courantes d'entre elles.

Le *time to market*

C'est le délai avant commercialisation imposé par le client. Un *time to market* court, conjugué à un grand nombre d'exigences, augmentera la dette technologique.

La gestion de produit

Le manque de spécifications claires et des changements constants du produit augmenteront la dette technologique.

Les mauvaises pratiques

Les mauvaises pratiques telles que l'absence de rédaction du test, la poursuite du code hérité plutôt que l'application de bonnes pratiques et le fait de travailler avec des technologies anciennes sont source de dette technologique.

La documentation

L'absence de documentation et des commentaires peu fiables augmenteront la dette technologique.

Une refactorisation retardée

Plus on introduit de code dans des parties obsolètes, plus vous aurez de code à réécrire ensuite.

La communication

Un manque de communication entre les membres d'une équipe augmentera la dette technologique.

Réduire la dette technologique

En tant que développeur, vous maîtrisez de nombreuses techniques et méthodologies permettant de produire du code qualitatif. Il suffit de réaliser que le code est à votre service, et non l'inverse. Il est important que vous contrôliez la qualité de votre code sortant, indépendamment de celle de votre code entrant. Une approche agile est une façon efficace de gérer la dette technologique, en la réduisant lorsque vous faites face à une portion de code. Faire partie d'une équipe fonctionnelle améliorera votre expérience de l'adaptation du code aux critères communs.

Alors, comment contrôler le code hérité ?

À dire vrai, contrôler le code hérité est une conséquence de l'expérience et de la pratique, mais il existe des méthodes connues pour vous aider à vous améliorer sur ce point. À chaque fois que vous rencontrez une source de dette technologique, vous pouvez évaluer le temps nécessaire à sa résolution. Ce pourrait être, par exemple, un problème de nomination de parties du code : si vous pensez qu'il faudra quelques heures pour régler le problème, attelez-vous immédiatement à la tâche. Si la dette est plus complexe, la bonne pratique consistera à gérer le problème par ordre de priorité. On pourra par exemple régler en priorité les problèmes demandant le moins de temps à résoudre et ayant le plus grand impact sur le système. Un des exemples pertinents de cette pratique est la mise à jour : dans certains cas, une technologie obsolète introduit de la dette technologique, notamment des versions de *frameworks*, de bases de données ou de librairies obsolètes. Il arrivera qu'une mise à jour soit rapide et ait un impact énorme sur le système : il sera alors possible de faire une révision de l'architecture du système et une refactorisation du code.

Adhérer au code hérité

Partons du principe que nous sommes dans une situation dans laquelle le *legacy code* est validé par l'entreprise et nous n'avons pas l'autorisation de le refactoriser. Que ça nous plaise ou non, nous allons avoir à travailler régulièrement avec ce code source, à l'entretenir et à y ajouter des nouvelles fonctionnalités. Faisons de mauvaise fortune bon cœur avec ce processus.

Adoptez le code hérité comme s'il était le vôtre

La première étape vers le bonheur est l'acceptation. Plus tôt nous adhérons au code existant, plus tôt nous pouvons le changer. On accède à l'acceptation par la connaissance de soi, la patience, l'augmentation de la tolérance à la frustration, l'ajustement des attentes à la réalité, un état d'esprit ouvert et la pratique du pardon.

Progressez à chaque étape

La seconde étape vers le bonheur est le changement. C'est l'unique constante de nos vies. Nous embrasserons le changement en apportant de la beauté au code, en refactorisant de petites sections partout où nous le pourrons.

Devenez observateur

La troisième étape vers le bonheur est de devenir observateur. Nous devons observer les changements du code avec une perspective plus large, afin de nous assurer de ne pas endommager le code à chaque modification implémentée. Nous y parviendrons en écrivant des tests pour le code hérité.

Aidez autrui

La quatrième étape vers le bonheur est d'aider autrui. Nous devons partager nos connaissances au sein de notre équipe et de notre communauté. Nous pouvons y parvenir en participant à des réunions agiles : le code est devenu une activité collective.

REFACTORISATION

La refactorisation est l'un des processus de base du développement itératif et différentiel, ce qui est essentiel aux environnements agiles. Qui maîtrise la refactorisation maîtrise le Feu ! Pensez à la refactorisation comme à la technique du brûlis agricole : on brûle le code pour le purifier, tout en travaillant sur le code hérité (comme décrit au chapitre précédent).

Mais... qu'est-ce que la refactorisation du code, exactement ?

C'est le processus de remaniement du code existant, sans changer ses comportements externes.

Son principal objectif est de limiter la dette technique, et ses bénéfices sont nombreux : elle vous permettra d'apprendre des conceptions des autres, de contribuer au code source collectif, d'adapter votre code aux critères d'équipe. Vous rendrez votre code plus lisible en décomposant les fonctionnalités et en appliquant les bonnes pratiques dans un code nettoyé. Vous pourrez appliquer des patrons de conception identifiables qui augmenteront l'extensibilité de votre code et, au fur et à mesure, vous améliorerez son organisation, vous augmenterez sa maintenabilité et sa résistance, tout en réduisant sa complexité.

En un mot comme en cent, votre code sera plus facile et moins cher à entretenir. On y va ?

Code smells : l'empreinte nauséabonde

Comme Céline, avez-vous déjà eu le pressentiment que quelque chose ne tournait pas rond ? Je vais vous révéler un secret : nous autres, développeurs, avons le pouvoir de repérer l'odeur d'un code... incroyable, mais vrai ! C'est exactement comme à chaque fois que nous ouvrons un sachet de thé : à chaque fois que nous ouvrons un fichier, nous percevons son arôme. C'est quelque chose d'instinctif, nous, développeurs, sommes habitués à reconnaître des modèles et schémas.

Les *smells*, ou mauvaises odeurs, sont des structures au sein du code indiquant la violation des principes fondamentaux de conception, et qui ont un impact négatif sur sa qualité. Prenons le temps d'examiner les *smells* les plus courantes.

- Les **codes dupliqués** : des codes répétés à de multiples reprises ; en d'autres termes, c'est ce qui se produit lorsqu'un développeur copie et colle le même code partout dans un projet.
- Les **codes morts** : des éléments de code désormais inutilisés ou inactifs, ou plusieurs versions du même code.
- Les **classes larges** et les **méthodes longues** : des classes incluant beaucoup de variables (trop larges, donc), et des méthodes inutilement longues et complexes. Vous pouvez donc les diviser !
- Les **paramètres trop nombreux** : des fonctionnalités ou méthodes qui contiennent plus de trois paramètres.
- Les **identificateurs trop longs ou trop courts** : des identificateurs incorrectement nommés, ce qui les rend difficiles à utiliser. C'est ce qui se produit lorsqu'un développeur rencontre des difficultés de nomination.
- Les **lignes divines** (*God lines*) : des lignes de code si longues et complexes qu'elles en deviennent difficiles à lire et à comprendre.

Tenter de repérer ses propres *smells* est un excellent exercice : après tout, on s'habitue à sa propre odeur !

Le point de non-retour

Après un long travail sur un *codebase*, votre fin odorat détecte de nombreuses opportunités d'amélioration. Vous avez parfaitement compris le comportement de ce code, et vous prenez la décision d'entamer le processus de refactorisation. Il est alors temps d'adopter un état d'esprit compatible avec la méthodologie de travail : pour vos managers, la refactorisation ne génère aucun profit pour l'entreprise, c'est pourquoi il est important de sauvegarder la productivité tout au long du processus. Vous allez devoir réparer des bugs, améliorer et installer de nouvelles fonctionnalités pendant que vous gérerez la refactorisation. Sans pression !

Selon le fonctionnement de votre équipe, vous pourrez négocier pour réserver du temps et des ressources à cette tâche et, avec un peu de chance, tout le monde se serrera les coudes à ce fameux point de non-retour. Je ne peux évidemment pas prédire votre planning et vos ressources, mais je peux vous parler d'une approche globale quand vous aborderez le processus de refactorisation : assurez-vous que l'équipe est prête et comprend parfaitement ce dont il va être question, et que votre objectif – l'amélioration du code – est partagé par vos collègues. Vous pourrez alors diviser le travail en deux parties distinctes :

- la première sera dédiée à la **refactorisation** : vous planifierez méticuleusement les besoins, répartirez les tâches en vous concentrant sur les difficultés globales du code ;
- la seconde sera dédiée à la **production** : vous suivrez votre feuille de route avec attention, vous réparerez les bugs et

vous ajouterez ou améliorerez des fonctionnalités. Il est important de consacrer une partie du temps de production à la refactorisation de petits éléments du code : en ajoutant une nouvelle fonctionnalité, n'oubliez pas de refactoriser le code qui l'affecte. En corrigeant des bugs, essayez de réécrire les parties concernées avec un code propre. Lors des sessions de révision, refactorisez les problèmes simples.

Les règles de base de la refactorisation

Passons en revue les détails d'un processus dédié à la refactorisation.

1. **Testez la partie du système que vous voulez refactoriser** : les tests unitaires, les tests d'intégration et de composants par exemple, vous permettront de vous assurer que vos modifications ne compromettent pas le système.
2. **Dupliquez le code à refactoriser** : en procédant par petites sections, vous pourrez le réintégrer rapidement dans le *codebase* après la refactorisation.
3. **Testez le code dupliqué** avec des tests unitaires, de composants ou d'acceptation qui décrivent le comportement du code existant, afin de le protéger des modifications indésirables.
4. **Réécrivez le code** en conservant les mêmes données entrantes et sortantes, de façon à pouvoir le réintégrer dans le *codebase*.
5. **Redirigez le code et démarrez les tests** après avoir réintégré le code refactorisé dans le code initial.
6. **Supprimez le code ancien** une fois que les tests ont validé le nouveau code.

7. **Testez le système au complet** par des tests unitaires, de composants, d'intégration, d'acceptance et de système.
8. **Testez-le manuellement** : suivez votre plan de test en testant plusieurs scénarios.

Si les résultats sont satisfaisants, vous pouvez célébrer le succès de votre refactorisation !

Les *workflows* de la refactorisation

Les approches de la refactorisation peuvent être très variées. Prenons un moment pour détailler les plus courantes.

La refactorisation TDD

Dans le TDD (*test-driven development* ou développement piloté par les tests), chaque nouvelle fonctionnalité commence avec la rédaction d'un test, de façon à ce que le développeur comprenne clairement les prérequis et exigences qu'il doit respecter. Pour ce faire, démarrez le test et faites-le échouer. Après l'échec, écrivez le code de la nouvelle fonctionnalité et testez à nouveau jusqu'à ce que les voyants soient au vert. Refactorisez le code que vous venez d'écrire et faites un petit nettoyage de ce qui l'entoure, puis lancez les tests à nouveau, en vous assurant qu'ils soient réussis.

Ramasser les déchets : la refactorisation par le nettoyage

Comportez-vous comme un scout : laissez l'endroit plus propre que vous ne l'avez trouvé. Refactorisez des problèmes simples dès que vous les détectez et, s'ils vous prennent plus de temps qu'anticipé, revenez-y plus tard : vous progresserez plus vite.

Refactoriser pour comprendre

C'est une bonne idée à mettre en pratique : elle vous permettra de mieux comprendre le comportement du code avant de commencer à travailler dessus.

La refactorisation préparatoire

Refactorisez le code existant à l'endroit où vous intégrerez de nouvelles fonctionnalités, de façon à ce qu'il s'intègre mieux dans votre future implémentation.

La refactorisation planifiée

Planifiez des sessions de refactorisation en équipe, ce qui vous permettra de résoudre des problèmes importants dans votre code.

La refactorisation à long terme

Décidez, en équipe, d'une restructuration de votre code à grande échelle et planifiez la refactorisation.

APPRENTISSAGE

L'un des points essentiels de notre métier est la formation continue. Quel bonheur pour nos esprits curieux !

Même si notre carrière est plutôt classique, nous avons toujours pu compter, à chaque étape, sur une information structurée et des programmes pédagogiques. Cependant, la plupart du temps, lorsque nous tentons de résoudre des problèmes en dehors de notre zone de confort, nous cherchons à nous former seuls. C'est la raison pour laquelle nous autres, développeurs, devons absolument faire de la formation continue une habitude permanente. Si vous avez la chance de faire partie d'une équipe de développeurs agiles, vous pouvez suggérer une réunion hebdomadaire, au cours de laquelle un membre de l'équipe présente un sujet au reste du groupe. Cette méthode vous permettra de découvrir de nouvelles techniques, de comprendre l'état d'esprit de vos collègues et d'améliorer la communication entre chaque membre.

Dans le cas précis où, comme Céline, vous ne travaillez pas en ce moment, je vous recommande d'identifier les entreprises dans lesquelles vous aimeriez travailler. Consultez leurs offres d'emploi et les technologies qui y sont utilisées. Lorsque vous aurez une idée de l'endroit où vous voulez travailler, prenez le temps de consulter des tutoriels officiels sur ces technologies. Entraînez-vous jusqu'à être en mesure de réaliser un projet de petite puis de grande taille, en un temps maximum d'une semaine. Consultez la page GitHub de votre entreprise préférée : vous pourriez y trouver des informations relatives aux tests techniques utilisés lors de son processus de recrutement, ce qui vous permettra de tenter de résoudre les problèmes sur lesquels les employés travaillent. Poursuivez l'entraînement jusqu'à les avoir complètement résolus, et lorsque vous pensez être prêt, contactez l'entreprise de vos rêves !

Le principe de Pareto

Chaque jour amène une nouvelle technologie merveilleuse, qui éclipse les précédentes. La communauté perd la tête, et il faut tout apprendre à propos de ce nouveau jouet, sauf à devenir obsolète soi-même. Mais maîtriser la nouveauté peut prendre des lustres, et nous autres développeurs disposons, comme tout le monde, d'un temps limité. C'est la raison pour laquelle j'aimerais vous parler du principe de Pareto, selon lequel 80 % des effets sont la conséquence de 20 % des causes. En clair, en étant malin dans la sélection, étudier un petit pourcentage des nouvelles technologies vous permettra d'en apprendre assez pour résoudre une large partie des problèmes rencontrés avec une nouvelle technologie.

Par exemple, vous n'avez pas besoin de connaître par cœur toutes les fonctions pour travailler avec des matrices, mais vous devez connaître les plus utiles d'entre elles et pouvoir accéder à une liste plus large à consulter si vous devez résoudre un problème que vous ne pouvez pas maîtriser avec celles que vous connaissez. De cette façon, vous aurez une approche rapide de la dernière technologie en vogue et une opinion à son propos. Vous ne deviendrez évidemment pas expert sans prendre le temps d'acquérir des compétences plus avancées, mais le but ici est d'acquérir suffisamment d'agilité pour vous essayer au nouveau concept et être en mesure d'évaluer son utilité pour vous. Quoi qu'il en soit, assurez-vous, avant de changer de technologie et d'outils, que vous maîtrisez les bases de la technologie avec laquelle vous travaillez. Les bases d'abord, Céline.

« Seul un développeur fainéant évitera d'écrire du code monotone et répétitif. »

Philipp Lenssen

La technique Feynman

Dans cette partie consacrée à la Terre, nous avons vu comment le fait de diviser un problème permet d'aider à la création de la structure. La technique Feynman, ajoutée à la technique de division, permet d'atteindre un but plus rapidement. Elle est conçue pour faciliter l'apprentissage, la compréhension de nouveaux concepts et la mémorisation d'informations. En ce qui nous concerne, elle est idéale pour identifier et expliquer la solution que nous tentons de trouver.

Elle se divise en quatre étapes r**édigez la solution** que vous cherchez en utilisant un papier et un crayon : le travail manuel augmentera le nombre de sens que vous mobiliserez au cours de votre expérience d'apprentissage ;

1. **rédigez l'explication** de cette solution, sur papier encore, comme si vous l'enseigniez à quelqu'un d'autre : cette méthode devrait vous aider à savoir ce que vous comprenez et faire apparaître ce qui vous échappe ;
2. **concentrez-vous sur les points qui vous échappent** et tentez de les résoudre, puis répétez l'étape précédente, jusqu'à tout clarifier ;

3. lorsque vous aurez parfaitement expliqué votre solution, tentez de **simplifier votre langage** pour en réduire la complexité et le clarifier.

Vous arrivez à la même conclusion que moi ? Absolument : cette méthode est parfaitement compatible avec notre stratégie de division des problèmes.

> *« Le premier principe est de ne jamais tromper qui que ce soit, et vous êtes la personne la plus facile à tromper. »*
>
> **Richard Feynman**

La répétition espacée

Une autre méthode utile à votre processus de formation continue est la répétition espacée. Elle vous permettra d'augmenter l'efficacité de votre processus d'apprentissage de 40 %. Comme vous le savez, plus vous répétez un concept, mieux vous le mémorisez. Mais c'est insuffisant. La méthode de répétition espacée prend donc aussi en compte le temps qu'il vous faut pour oublier un concept : mieux vous connaissez un concept, plus il vous faut de temps pour l'oublier ; moins vous connaissez un concept, moins il faut de temps pour l'oublier. La beauté de cette méthode réside donc dans le fait de réviser un concept juste avant de commencer à l'oublier : de cette façon, vous augmentez votre efficacité en étudiant la bonne information, au bon moment.

Elle semble particulièrement pertinente, par exemple, pour des développeurs inexpérimentés qui passent du *front-end* au *back-end* régulièrement. Ils intègrent une partie du *front-end*, y travaillent quelques jours et gagnent en confiance. La production les oblige à passer au *back-end* et, après quelques semaines, ils reviennent au *front-end* en ayant tout oublié de ce qu'ils faisaient.

Comment éviter cette situation ?

Il vous faut revenir au concept lorsque vous commencez à l'oublier et, pour ce faire, gérer votre temps intelligemment. Revenez régulièrement aux concepts qui vous sont les moins familiers. Étudiez plus intelligemment, pas plus longtemps.

Le palais de la mémoire

La méthode du palais de la mémoire est une technique efficace et ancienne pour mémoriser des informations non structurées, quand il est difficile ou non pertinent de tisser un lien entre elles.

Vous êtes-vous déjà demandé comment on parvient à mémoriser les 100 000 premiers chiffres du nombre pi ? En utilisant la méthode du palais de la mémoire. Cette méthode mnémotechnique associe l'information et la mémoire spatiale. On visualise une pièce entièrement meublée : chambre, salon, bureau, selon votre préférence. Il s'agit alors de créer un itinéraire mental dans cette pièce, dans lequel vous inclurez plusieurs haltes : vous visualiserez d'abord la porte, puis votre téléviseur, puis une photo de famille, puis un miroir, etc. Lorsque votre itinéraire est prêt et parfaitement mémorisé, dans un ordre précis, vous pouvez commencer à stocker des informations en les liant à chaque objet rencontré sur votre itinéraire. Par exemple, pour mémoriser qu'il faut acheter des bananes, du café et du vin au supermarché, ajoutez l'image d'une banane à cheval qui saute par-dessus votre porte, puis regardez votre télévision et imaginez qu'elle se remplit de café frais jusqu'à inonder la pièce. Sentez le café sur vos pieds. Ensuite, regardez votre photo de famille, et remarquez que vos parents naviguent sur un bateau pirate, en chantant et en buvant beaucoup de vin. Tentez d'imaginer l'odeur ou la sensation des objets que vous avez mémorisés : vous associerez une ou plusieurs images mnémotechniques à chaque étape de l'itinéraire.

Si vous ne parvenez pas à visualiser clairement un concept que vous souhaitez mémoriser, utilisez une association mnémotechnique. Cela vous demandera certainement un peu d'entraînement !

Comment cette technique peut-elle vous aider ?

Imaginez que vous assistiez à une réunion hebdomadaire, comme je vous l'ai recommandé, au cours de laquelle vous échangez des connaissances avec vos collègues. Vous voulez être vu comme une personne compétente, et donc ne pas lire vos notes : puisque vous connaissez physiquement la salle de réunion, profitez-en pour utiliser cette méthode de mémorisation pour les points importants de la pièce. Et voyez le résultat !

AGILITÉ

Dans la littérature financière, Robert Kiyosaki a introduit le terme de *rat race* (littéralement, « la course du rat ») dans son ouvrage intitulé *Rich Dad, Poor Dad*. La *rat race* est un mode de vie, souvent lié au monde de la finance, frustrant et difficile à quitter, dans lequel un salarié travaille beaucoup pour un employeur dans le but d'être promu et d'augmenter ses revenus, ce qui, mécaniquement, augmente aussi ses dépenses. Plus ces dernières augmentent, plus il est enchaîné à son travail.

Nous parlons d'argent, mais il en va de même avec votre code et votre temps. Vous allez devoir travailler pendant de longues heures et sous pression pour satisfaire les exigences d'une entreprise, et vous pourriez finir par produire un code moins qualitatif et introduire de la dette technique dans votre *codebase*, ce qui en rendra la maintenabilité plus difficile, et bis repetita jusqu'au burn out.

Dans la mesure où nous sommes responsables de cette situation, il est indispensable que nous générions une sorte d'intelligence du développeur qui nous évite la *rat race*. Si vous le permettez, je vais utiliser ici des concepts similaires à ceux utilisés par Kiyosaki dans son livre et les appliquer au développement logiciel.

- **Fixez-vous des objectifs** : écrivez-les sur papier, planifiez le temps qu'il vous faudra sur une base hebdomadaire pour les atteindre, ainsi que la méthode que vous utiliserez.
- **Déterminez vos priorités** : il vous sera plus facile de savoir dans quel ordre vous devez les accomplir ;

- **Mauvaise dette et bonne dette** : évitez d'introduire de la dette technique et tentez de refactoriser les éléments de code qui ne vous bénéficient pas.
- **Réduisez les charges fixes** : tentez de diminuer le nombre de réunions chronophages, automatisez les tâches répétitives.
- **Investissez dans vos atouts** : tant que vous progressez en tant que développeur, il est pertinent d'y mettre le temps et l'effort.

Tôt ou tard, vous comprendrez comment ces concepts sont similaires à ceux du développement agile, et vous pourrez échapper à la *rat race*.

Le cycle de vie d'un produit

Au fur et à mesure que nous cultivons nos compétences, il est bon de réfléchir au cycle de vie d'un produit. En tant que développeurs logiciels, nous construisons nos produits comme des éléments dans un pipeline de production, mais nous ne sommes pas seuls responsables de leur réalisation. Une partie des équipes, qui est en contact avec les utilisateurs, gèrera la feuille de route et les nouvelles fonctionnalités, et fournira des spécifications et un design. L'équipe de design fournira des détails et tentera d'analyser et de valider le concept.

C'est ensuite que nous, l'équipe de développement, interviendrons : idéalement, nous recevrons un design final, une définition des cas d'utilisation et un cadre fonctionnel, et dans le pire des cas, nous disposerons au moins d'une description verbale des nouvelles fonctionnalités à implémenter. Nous diviserons ces spécifications en parties distinctes, le design graphique et la maquette pour créer des prérequis techniques et des tests. Avec un peu de chance, l'entreprise utilisera les principes de la programmation pilotée par le comportement (*behavior-driven development*, BDD), de façon à ce que nous puissions compiler les cas d'utilisation pour générer les tests automatiquement.

Dans d'autres cas, nous utiliserons le TDD (voir p. 155) et nous concevrons les tests à l'avance. À partir des tests et des prérequis techniques, nous procéderons à l'implémentation, à l'intégration, aux tests, à l'acceptation et au déploiement. Ensuite, une autre équipe se chargera de la vente et de la livraison du produit, et fournira le service après-vente.

Comme vous pouvez le constater, notre travail dépend de nombreux autres intervenants ; c'est pourquoi la communication est un facteur clé dans le développement et le cycle de vie d'un produit, de façon à établir une méthodologie commune et adaptée aux standards de production de l'entreprise.

La *lean start up*

Nous vivons à l'ère des start-ups, et s'il est une chose qui les caractérise, c'est la vélocité. Elles ont des standards particulièrement exigeants en termes d'innovation et de développement.

La *lean start up* (de l'anglais *lean*, « maigre », « fin ») est l'une des nombreuses méthodologies du domaine : son principal objectif est de réduire le temps de développement d'un produit pour savoir rapidement si le modèle de l'entreprise est viable. Dans cette conception des choses, il est impératif de rendre de nouvelles fonctionnalités disponibles aussi vite que possible.

Les principes centraux du *lean* sont :

- le **produit minimum viable** (*minimum viable product*, MVP) : la version du produit la plus réduite, permettant à l'entreprise de tester la validité de ses hypothèses de développement économique. Comme vous l'avez deviné, le MVP est un système dans lequel les changements se produisent vite ;
- le **déploiement continu** : l'on déploie les changements en production dès que le code passe les tests avec succès. Ce qui implique, bien entendu, d'être préparé à l'éventualité de bugs introduits dans la production ;
- les **tests fractionnés** (*split testing*), ou tests A/B : plusieurs versions d'un même produit sont proposées aux utilisateurs, permettant de déterminer laquelle est optimale ;
- les **métriques exploitables** (*actionable metrics*) : les indicateurs de performance (KPI) qui aideront l'entreprise à prendre de bonnes décisions ;
- le **pivot** : une modification du produit ou des hypothèses stratégiques ; son utilisation peut résulter dans un produit complètement différent ;
- la **comptabilité innovante** : vise à maximiser les revenus en mesurant les progrès, en planifiant des étapes stratégiques et en fixant des priorités ;
- **construire-mesurer-apprendre** : le cycle dans lequel on passe de l'idée au produit, on mesure la satisfaction client, avant de prendre des décisions.

Si l'on prenait un moment pour évaluer l'impact du tout sur la qualité de votre code ?

Le canal de développement

Travailler au sein d'une start-up peut être aussi enthousiasmant et passionnant qu'exigeant et stressant. Nous devons garantir la qualité du code, supprimer la dette technique et déployer les changements dans un temps le plus réduit possible. C'est la raison pour laquelle nous avons besoin des meilleurs outils et pratiques à portée de main. En voici quelques-unes :

- **Git** permettra à votre équipe de travailler avec les nouvelles fonctionnalités sans risque, en se concentrant sur des branches qui stockent des états antérieurs du code ;
- **intégration continue** : le fait de lancer les tests automatiquement avant tout déploiement ou *merge* (concaténation de deux branches, souvent *via* une *pull request*) ;
- **environnements multiples** : au nombre de trois (développement, tests, production), ils permettent de vérifier que votre code est fonctionnel avant son déploiement en production ;
- **déploiement sur commande simple** : la possibilité de déployer de façon transparente à partir de la console ;
- **suivre l'application en production** : le fait de mesurer les données dans l'application de façon à détecter les bugs avant que les utilisateurs ne les signalent ;
- **alertes** : elles vous informent en temps réel si un scénario négatif apparaît en production ;
- ***logs* centralisés** : ils permettent de collecter et filtrer les informations au même et unique endroit ;
- **retour en arrière rapide** (*rollback in seconds*) : dans l'épouvantable éventualité du déploiement d'une version endommagée de votre produit, il vous faut un mécanisme de

redéploiement de la dernière version stable, en l'espace de quelques secondes ;

- **déploiement rapide de correctifs** : utile en quelques rares occasions, dans lesquelles vous devrez pouvoir ignorer la totalité de votre plan et déployer directement en production, sans pouvoir faire de vérifications ;
- **configuration des paramètres d'exécution sans redéploiement** : cela vous aidera à réparer vos problèmes en production, sans que la perception de l'utilisateur en soit affectée.

L'utilisation de ces outils vous permettra de rester serein, même dans un environnement exigeant !

Le développement logiciel agile

De plus en plus de méthodologies agiles gagnent le marché des start-ups : je vous recommande donc de vous pencher plus avant sur ce monde bouillonnant, et d'en appliquer quelques-unes, comme le TDD ou le BDD (p. 154).

Le développement logiciel agile se fonde sur les principes suivants :

- la satisfaction client provoquée par la production anticipée et continue de logiciels pertinents ;
- l'ouverture aux demandes de modifications, y compris aux stades avancés de développement ;
- la livraison de logiciels fonctionnels le plus souvent possible ;
- une coopération active et quotidienne entre les forces commerciales et les développeurs ;
- la naissance de projets grâce à des individus motivés, qui méritent la confiance ;

- les conversations en personne, qui sont la meilleure méthode de communication ;
- un logiciel fonctionnel, ce qui est la première mesure de progrès ;
- le développement durable, à un rythme constant ;
- une attention permanente à l'excellence technique et à un design qualitatif.

La simplicité est primordiale : les meilleures architectures, exigences et conceptions sont créées par des équipes qui savent s'organiser de façon autonome et qui prennent le temps d'étudier et d'ajuster leur efficacité.

Vous voyez, on peut échapper à la *rat race* !

BURN OUT

En maîtrisant notre environnement, nous avons bien plus de chances de survivre : le contrôle nous permettra de maîtriser le Feu !

Le besoin de garder le contrôle est un trait de personnalité qui peut évoluer. Il vous arrivera de traverser des périodes pendant lesquelles vous aurez la sensation d'avoir perdu le contrôle : c'est tout à fait normal. Cette sensation élèvera votre niveau de stress et, si elle se prolonge, elle affectera votre équilibre physique, provoquera de la fatigue, un comportement cynique avec vos collègues et une baisse drastique de votre motivation.

Il est évident que personne ne souhaite se trouver sans cette situation : nous avons tous envie d'être heureux, productifs et satisfaits de notre travail. Le stress existe et il existera toujours. Ce n'est, en soi, ni bon ni mauvais, et votre perception du stress, qu'elle soit positive ou négative, dépendra de votre état d'esprit. La compréhension des sources de stress peut être d'une aide précieuse pour apprendre à l'utiliser à votre avantage.

Il existe des sources extérieures de stress – un agenda chargé, des difficultés professionnelles ou familiales, une situation financière fragile, des problèmes relationnels ou encore de santé – et des sources internes de stress – une attitude pessimiste, une opinion négative de soi, le besoin de perfection, une mauvaise hygiène de vie.

Assurez-vous de prendre soin de vous et de vous écouter, et si vous avez le sentiment de ne plus rien contrôler dans votre travail, parlez-en à votre responsable. Et même, envisagez de prendre quelques jours de vacances.

Le *fight or flight*

Il est possible que vous vous trouviez un jour dans un environnement où le niveau de stress sera trop élevé pour vous. Si vous choisissez de laisser cette situation durer dans le temps, votre corps activera un mécanisme de réponse : le *fight or flight*, ou « la réponse combat-fuite » en français, par lequel vous serez plus performant ou, au contraire, vous quitterez l'entreprise. Il est donc important pour votre parcours dans l'entreprise que votre responsable soit informé de cette situation.

Bien entendu, et heureusement, les postes de développeur disponibles sont nombreux, mais nous sommes ensemble pour apprendre à devenir une meilleure version de nous-mêmes, non ? C'est la raison pour laquelle j'aimerais faire une liste de causes externes de stress, communes à beaucoup d'entreprises :

- le problème du patron vs leader : le manager se comporte en patron et exige que vous soyez une source de profits, plutôt qu'en leader, qui vous aide à trouver la bonne motivation pour fournir un travail au meilleur niveau possible ;
- votre poste va à l'encontre de vos valeurs ou savoirs personnels ;
- des retournements stratégiques et opérationnels répétés : le manque de but clair provoquant des changements rapides et permanents ;
- des objectifs irréalisables : le fait de fixer des objectifs trop élevés, alors même que les objectifs en cours ne sont pas atteints ;
- un calendrier irréaliste : un nombre de tâches trop important à réaliser dans un temps trop court ;
- une mauvaise communication d'équipe : cette dernière est fatiguée et de mauvaise humeur.

Tentez d'identifier ces problèmes et de trouver de l'aide pour les résoudre avant qu'il ne soit trop tard.

Le syndrome de l'imposteur

Si ce syndrome vous concerne, vous n'êtes pas seul : la plupart des développeurs que je connais y sont sujets à un moment ou un autre de leur carrière. C'est une source interne de stress qui vous pousse à douter de vous-même, à dénigrer vos compétences et à imaginer que vous êtes une sorte de développeur escroc. Vos collègues vous semblent plus intelligents que vous, et vous vivez dans la peur permanente que l'on découvre que vous êtes mauvais. Le syndrome de l'imposteur peut vous pousser à avoir si peur de l'échec que vous en arrivez à vous dire que vous êtes simplement perfectionniste, solitaire ou expert : comme si vous deviez accomplir des niveaux de tâches plus élevés pour vous sentir à l'aise et partager votre code en équipe. Mais dès qu'une critique se fait jour, vous paniquez. Le syndrome de l'imposteur est une cause de stress, d'anxiété, de faible confiance en soi, de honte et de dépression.

C'est un bouclier imaginaire pour vous protéger du regard d'autrui.

Il arrive souvent qu'il se manifeste lorsque vous arrivez dans une entreprise et que vous perdez votre zone de confort : tout le monde maîtrise la technologie et le code mieux que vous, puisque tout le monde est habitué à les utiliser.

Avez-vous changé de *framework*, d'outils ou de langage de programmation ? Ça n'est pas une situation confortable pour vous !

Dans ce cas, je vous supplie de regarder autour de vous : vous n'êtes pas seul, demandez de l'aide à votre chef d'équipe ! Il ou elle comprend parfaitement ce que vous traversez et vous apportera son aide.

La sincérité

Communiquer à propos de votre état d'esprit et poser des limites vous aidera à établir des échanges efficaces avec votre équipe : une attitude professionnelle et respectueuse permet d'éviter de blâmer les autres pour leurs manques.

Comment gérez-vous les critiques ? Si vous êtes élément terre, pas très bien, n'est-ce pas ?

La critique non fondée ou non constructive peut s'avérer être une barrière à la bonne communication. Personne n'apprécie d'en faire l'objet, c'est pourquoi il est important de poser des limites. Il est aussi capital de prendre en compte l'état d'esprit de l'autre et de choisir le bon moment avant d'exprimer une critique. Le *feedback*, ou critique constructive, est cependant indispensable au développement d'une communication réussie.

Vous êtes en réunion de révision des projets ? C'est peut-être le bon moment pour exprimer une critique.

Disons que vous vous apprêtiez à émettre une critique à propos d'un élément de code. Ce code est le fruit de l'intellect d'un autre être humain, et c'est pourquoi il arrive que cela devienne personnel. Je vous invite donc, lorsque vous avez à discuter du code de quelqu'un, à réfléchir sur la nature de votre critique : est-elle constructive ou destructrice ? Si vous êtes dans ce second cas, peut-être vaut-il mieux la garder pour vous et prendre le temps, plus tard, de réfléchir à trois aspects positifs du code que vous souhaitez revoir. Enfin, faites une suggestion d'approche différente pour le rendre plus efficace.

Assurez-vous que votre interlocuteur comprenne que votre critique n'est pas personnelle.

Si vous apprenez à faire des révisions de code efficaces, que vous fixez les tâches et le temps nécessaire de façon appropriée, vous pourrez créer un environnement qui aide toute l'équipe à échapper au burn out.

Le bon état d'esprit

Maintenant que nous avons une vision plus claire des sources externes et internes de stress et que nous voyons l'intérêt d'une communication plus efficace avec notre équipe, nous pouvons nous pencher sur les moyens de reprendre le contrôle de la situation.

- **Définition de l'objectif** : la méthode de développement Scrum[1] pose le principe qu'un objectif devrait être atteignable dans le délai imparti, qui se situe usuellement entre une et deux semaines.
- **Concentration sur la tâche en cours** : dans la mesure où la liste des tâches à accomplir (dans une définition d'objectifs appropriée) est raisonnable, il devient possible de se concentrer sur la tâche en cours afin d'éviter toute source externe de stress.
- **Gestion du temps efficace** : la concentration sur le présent réduit le niveau potentiel des distractions et accroît l'efficacité. Il peut arriver que certaines personnes aient besoin d'aide pour optimiser leur gestion du temps : la technique Pomodoro, selon laquelle l'on scinde les séquences de travail par tranches de vingt-cinq minutes, avec un temps de repos de cinq minutes entre chaque séquence, peut aider à maintenir la concentration et donc à être plus efficace.

---

1. Un cadre de développement bienveillant, avec un ensemble de pratiques répondant pour la plupart au préconisations du Manifeste agile.

- **Prise de pauses** en fonction de votre charge de travail : je vous recommande de détendre vos jambes au moins toutes les deux à quatre heures, et de prendre au moins quarante-cinq minutes pour déjeuner.
- **Réunions courtes et efficaces** : réduisez-les à moins d'une heure, en n'incluant qu'un ou deux sujets à résoudre dans la semaine.
- **Demande d'aide** à chaque fois que c'est nécessaire.
- **Temps de repos suffisant** : adoptez un mode de vie sain. Vous pouvez notamment vous inspirer de la pyramide de Maslow, dont tout le monde a entendu parler, qui détaille hiérarchiquement les besoins humains essentiels à la motivation et à la satisfaction.

J'espère que ces quelques astuces vous aideront à améliorer la qualité de votre code.

AIR

Yves code en freelance depuis deux ans déjà. Il collabore avec quelques agences qui lui fournissent des contrats sur une base régulière. Les affaires vont bien, et il décide de louer un bureau dans un espace de *coworking* où il pourra recevoir ses clients et collègues développeurs. Il partage cet espace avec quelques start-ups qui le sollicitent pour de petites missions.

En apparence, tout va pour le mieux dans le meilleur des mondes ! Il ne gagne pas des fortunes, mais il est libre de travailler comme il l'entend, de passer du temps avec la femme qu'il aime et il n'est pas débordé de travail. Il est intelligent et agréable, il sait entretenir son réseau. Il garde le contact avec ses anciens clients, avec d'autres développeurs et designers graphiques, et il poste régulièrement sur les réseaux sociaux appropriés. Pour les projets plus importants, il n'a donc aucun problème à trouver des amis avec lesquels collaborer et qui peuvent l'assister dans les tâches *back-end*.

Dans la mesure où il ne travaille pas toujours en équipe, Yves a choisi d'être développeur *fullstack*, ce qui lui demande de maîtriser les compétences de code, de déploiement et de maintenance, pour des projets de taille moyenne. Il sait faire preuve d'inventivité, a une bonne capacité de concentration et est capable de travailler avec une variété importante de langages. Il maîtrise ses projets du début à la fin et apprécie d'avoir une vision complète du système dans lequel son travail va s'inscrire.

Il arrive qu'Yves doive participer à de longues réunions où il définit, avec son client, les détails du projet afin qu'un budget soit établi. La mise à plat et la coordination de son mode de fonctionnement avec celui de son client sont alors primordiales. En effet, l'estimation du temps de travail est une des tâches les plus difficiles à accomplir pour les développeurs, car il faut prendre en compte des aspects multiples comme les réunions, les révisions, les appels, les sessions de tests, le codage, le déploiement, les changements de dernière minute, etc. La vie de freelance est parfois un peu complexe !

La plupart du temps, les clients souhaitent obtenir une qualité optimale pour un prix le moins élevé possible ; Yves est donc contraint de réduire la qualité de son travail. Globalement, il évite de rédiger des tests ou des codes raffinés, puisque le client rechigne à le payer en conséquence. Parfois, Yves fantasme donc sur l'idée de travailler pour une start-up, entouré d'une équipe de développeurs haut-niveau et avec des technologies dernier cri, où il pourrait apprendre plus.

Il a cependant choisi de rester en freelance encore au moins un an, car il considère qu'il est important de développer sa confiance en lui et de bâtir sa crédibilité en livrant des résultats qualitatifs à ses clients.

Dans son temps libre, il regarde des tutoriels qui traitent d'architecture et d'extensibilité sur YouTube : il souhaite gagner en compétences pour être capable de porter des projets plus importants dans l'année à venir. Qui sait, il pourrait peut-être monter une agence avec quelques-uns de ses amis ? Il a déjà hésité à accepter des projets importants, qui mobilisaient des technologies trop éloignées de sa zone de confort et pour lesquels il n'était pas certain de pouvoir trouver des solutions dans le délai imparti. Il a besoin d'acquérir des compétences, mais aussi de gagner sa vie.

Nous pouvons tirer la conclusion qu'Yves est un mid-développeur équilibré qui peut gérer des projets d'ampleur moyenne, pour lesquels il planifie les tâches pour lui-même et son équipe. Il a confiance en lui, sait communiquer avec les designers, les clients, les utilisateurs et les développeurs. De bonnes compétences en communication sont essentielles pour gérer des équipes, et il pourrait parfaitement travailler dans une entreprise dans la mesure où il est flexible et dynamique. Il craint cependant de s'enfermer dans une forme de routine.

Yves est à un point intéressant de sa carrière : il est libre de choisir ses clients et ses projets, et il apprend de chaque mission. Il se débrouille très bien. Il a juste besoin d'apprendre encore un peu.

Yves est à dominante Air.

INTRODUCTION

Caractéristiques

Le développeur à dominante Air est dynamique, flexible et organisé. Il peut traiter un problème dans tous ses aspects et est capable d'évaluer ses forces et ses faiblesses. Il a suffisamment d'imagination pour visualiser des architectures de taille moyenne et les problématiques qui s'y attachent. Il est habitué à endosser la totalité des responsabilités, à s'écarter de sa zone de confort pour résoudre des problèmes auxquels il n'a pas encore été confronté et à en tirer un apprentissage. Il conserve malgré tout des difficultés qui l'empêchent de sortir intégralement de sa zone de confort et cherche toujours à obtenir la validation d'autrui. Il manque de confiance en lui.

Forces et faiblesses

Forces	**Faiblesses**
Flexibilité et dynamisme	Manque d'approfondissement dans les bonnes pratiques
Compétences en savoir-être	Manque de quelques savoirs techniques
Autonomie et responsabilités	Pas d'écriture de tests
Compréhension des systèmes complexes	Pratiques en termes de sécurité à améliorer

Suivez-moi

Dans les chapitres à venir, je passerai en revue la dominante Air avec Yves. Voici un rapide résumé des points abordés :

- **flux** : je détaillerai l'importance de la notion de flux, ou « *flow* », dans le processus de développement logiciel et comment les différentes parties d'une structure sont interconnectées ;
- **systèmes** : j'expliquerai la pertinence d'une vision d'ensemble de vos systèmes et les processus de création d'un système complexe ;
- **architecture** : je décrirai quelques modèles architecturaux et les critères à prendre en compte lorsque vous devez en choisir un ;
- **extensibilité** : je montrerai les problèmes qui peuvent survenir dans le cadre de l'expansion et quelques outils de base pour maîtriser la croissance de votre système ;
- **microservices** : je définirai le concept d'orchestration avec les microservices et je tenterai de simplifier son approche.

FLUX ET DIAGRAMMES

Le flux, ou « *flow* » en anglais, nous permet d'ajouter une dimension au logiciel, d'ajouter une couche d'interaction à une structure statique qui potentialise notre design conceptuel afin de créer l'illusion de vie. En d'autres termes, le flux est un mouvement, un courant ininterrompu.

Pour Yves, notre mid-développeur, cette notion devient de plus en plus claire, puisqu'il est habitué à créer de A à Z des projets de taille moyenne. Il se peut cependant qu'il ne saisisse pas encore tout à fait comment le flux peut métamorphoser un système. En effet, il peut y introduire de nouveaux événements, de nouvelles interactions, idées ou données, et nous devons nous assurer de comprendre la façon dont tous ces éléments vont faire évoluer le système. Nous devons introduire un certain contrôle du flux, afin de réduire les frictions avec la structure de notre système : cela générerait du stress pour ce dernier et finirait par l'endommager. Tout comme un fleuve, on peut parfois en contrôler le courant, mais il lui arrive de déborder et d'inonder la totalité du système. C'est pourquoi nous devons comprendre et contrôler le flux, de façon à pouvoir créer des systèmes performants et capables de croître.

Yves a du mal à identifier les sources de ses flux. Pour cela, il doit prendre ses différents blocs et leurs interactions en compte. Il verra alors que les données circulent entre les structures, sous la forme de données entrantes et sortantes. Il comprendra comment les processus externes provoquent des événements qui font muter le système, et la manière dont les processus internes modifient et font circuler les données.

Diagrammes de flux

Le flux fait partie intégrante du logiciel, il est donc important de définir et visualiser le système dans son ensemble.

Un diagramme, ou *flow chart*, représente un ensemble de relations dynamiques au sein d'un système, servant à structurer et organiser des systèmes complexes ainsi que leurs interactions. En tant qu'ingénieurs logiciels, l'UML (ou langage unifié de modélisation) est notre standard au moment de concevoir un système complexe. Mais peut-être cette approche est-elle trop formelle à votre goût.

Dans la mesure où vous travaillez dans une start-up ou une entreprise de taille moyenne, j'imagine que vous n'utiliserez pas l'UML de façon formelle : explorons les bases, afin que vous puissiez faire usage de cet outil puissant de façon informelle.

Diagrammes structurels

- Le **diagramme de classe** décrit la structure d'un système au niveau de ses classifieurs.
- Le **diagramme de package** (ou paquetage) montre les packages et les relations existantes entre eux.
- Le **diagramme d'objet** ressemble au diagramme de classe, mais concerne les objets.
- Le **diagramme de composants** décrit l'organisation du système du point de vue de ses composants et met en évidence les dépendances entre ces derniers.
- Le **diagramme de structure composite** expose la structure interne d'une classe et les collaborations que cette dernière rend possibles.
- Le **diagramme de déploiement** représente l'architecture physique du système.

Diagrammes comportementaux

- Le **diagramme d'activité** représente la séquence et les conditions d'un comportement.
- Le **diagramme de séquence** représente les interactions entre les acteurs ou objets du système selon un ordre chronologique.

- Le **diagramme de cas d'utilisation** représente le comportement fonctionnel d'un système, c'est-à-dire les actions possibles lors de l'utilisation d'un logiciel.
- Le **diagramme d'état** décrit le comportement d'un objet unique du système, il indique les états possibles pour chaque objet et les transitions qui mènent à chacun de ces états.
- Le **diagramme de communication** décrit les messages passés entre acteurs ou objets du système, c'est une représentation simplifiée du diagramme de séquence.
- Le **diagramme global d'interaction** représente une vue d'ensemble du flux.
- Le **diagramme de temps** montre les interactions sur la base de mesures de temps : il décrit les contraintes temporelles qui seront prises en compte pour l'écriture du logiciel.

Diagramme de cas d'utilisation

Aussi appelé « *use case diagram* », son but est de démontrer les différentes façons dont un utilisateur peut interagir avec un système. Il permet de mieux appréhender l'utilisation qui en sera faite, et notamment les interactions éventuelles avec des systèmes externes. Il aide à identifier les tâches que les utilisateurs pourront accomplir et permet d'avoir une vue d'ensemble du système en modélisant les événements possibles.

Ses composantes communes sont :

- les **acteurs** : les utilisateurs qui interagissent avec le système. Ce peuvent être des personnes, des organisations ou encore un système externe, qui interagissent avec le vôtre.

Ce sont, en synthèse, des objets externes qui produisent ou consomment des données ;

- le **système** : une séquence d'actions entre les acteurs et votre système ;
- les **objectifs** : le résultat des utilisations.

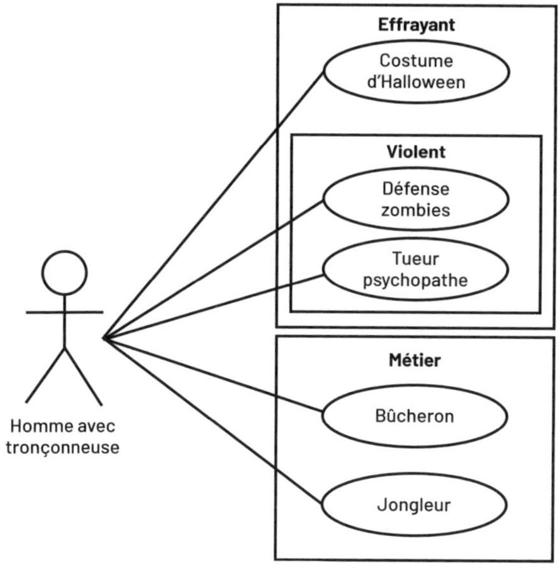

Diagramme d'activité

Il décrit ce qui doit se produire dans la modélisation du système : il permet à tous les acteurs (commerciaux et développeurs) de comprendre et visualiser un même processus.

Il permet de démontrer la logique d'un algorithme et de décrire les étapes mises en lumière dans un diagramme de cas d'utilisation. Il peut ainsi illustrer un processus concret d'utilisation.

Ses composantes communes sont :

- l'**action** : l'utilisateur accomplit une tâche dans le système ;
- le **nœud de décision** (*decision node*) : un élément conditionnel qui peut modifier le flux d'exécution ;
- le **flux de contrôle** (*control flow*) : la connexion entre les composantes ;
- le **nœud de démarrage** (*start node*) : le point de départ de l'activité ;
- le **nœud de fin** (*end node*) : le point final de l'activité.

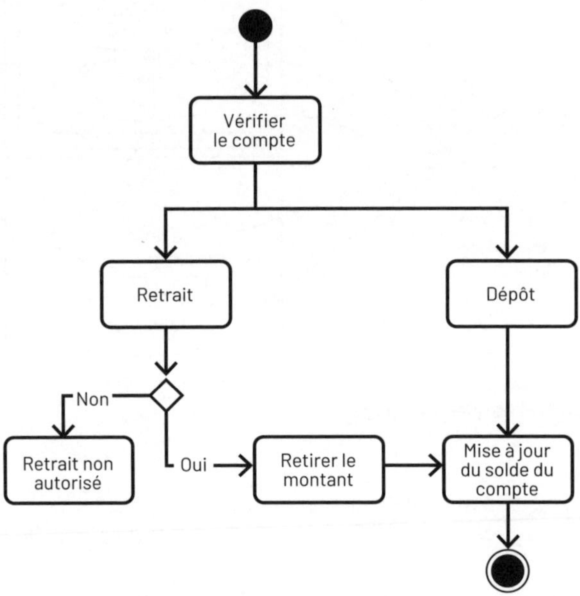

Diagramme de séquence

Un diagramme de séquence est une forme de diagramme d'interaction décrivant la façon et l'ordre dans lequel un groupe d'objets fonctionne. Ce type de diagrammes permet de comprendre les exigences d'un nouveau système ou de documenter un processus existant. En effet, il représente les détails d'un diagramme de cas d'utilisation et modélise la logique d'une fonctionnalité. Sa principale utilité est d'évaluer la fonctionnalité d'un scénario d'utilisation (existant ou futur).

Ses composantes communes sont :

- l'**acteur** : la ou les entités qui interagissent avec le système ;
- l'**objet** : la façon dont un objet se comporte dans le contexte d'un système ;
- la **boîte d'activation** (*activation box*) : le délai requis pour qu'un objet accomplisse une tâche ;
- le **message synchronisé** (*synchronous message*) : le message pour lequel l'expéditeur doit attendre la réponse avant de poursuivre ;
- le **message asynchrone** (*asynchronous message*) : le message pour lequel l'expéditeur n'a pas à attendre de réponse avant de poursuivre.

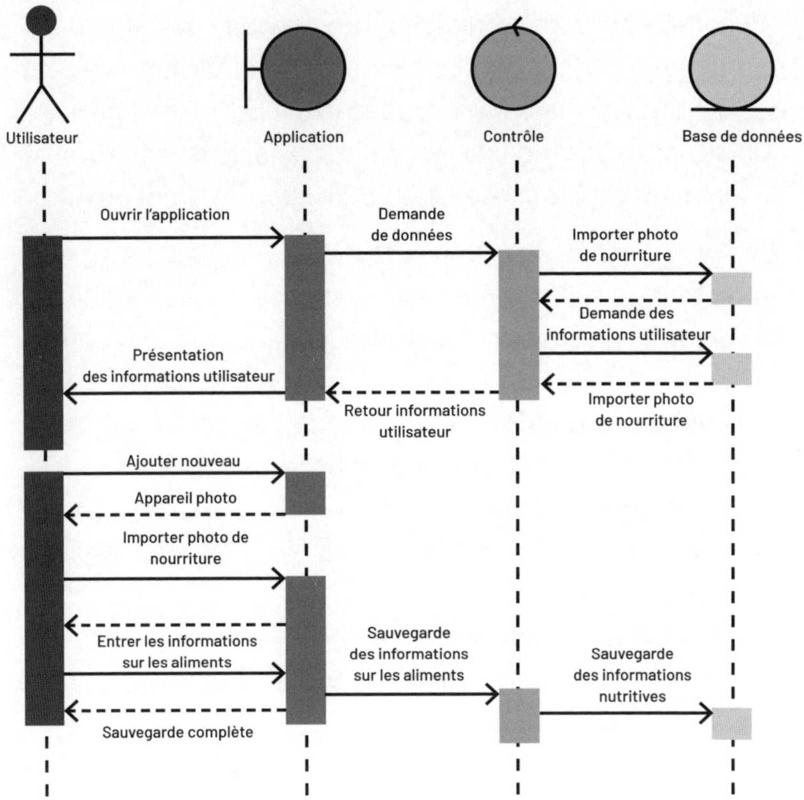

SYSTÈMES

La progression de votre carrière vous mènera, à un moment ou à un autre, à vouloir avoir une vue d'ensemble : vous commencerez à visualiser la totalité du système que vous êtes en train de bâtir, d'un point de vue macroscopique. Cette vision globale vous permettra de comprendre l'intégralité du produit ou du service sur lequel vous travaillez.

Un système est une combinaison de composants qui fonctionnent en synergie les uns avec les autres, pour produire un résultat.

Vous voudrez également apprendre à concevoir et gérer des systèmes plus complexes et leur durée de vie.

Lorsque vous concevez un système complexe, vous devez prendre un maximum de données en considération : il vous faut allier vos ressources économiques, la taille de votre entreprise, vos contraintes de temps, vos ressources humaines et votre capacité à prendre des risques afin d'optimiser votre conception. En synthèse, vous devez comprendre le but qu'il vous faut atteindre et lui donner toute votre attention.

Il est formidable d'avoir une vision d'ensemble, mais gardez les pieds sur terre et soyez réaliste, c'est la clé du succès !

Une bonne définition de l'objectif à atteindre sera garante de la clarté dont vous avez besoin et vous aidera à classer et prioriser les différentes parties de votre système. Plus un système croît, plus le volume de données, de variables, de nombres et de champs peut croître, ce qui augmente la complexité du système dans son ensemble. C'est la raison pour laquelle il est important de consacrer un temps à la planification, avant de passer au code : ce temps vous permettra de réduire les coûts et les choix hasardeux qui pourraient avoir un impact important sur la croissance future du système.

Divisons le développement en quatre phases : la spécification des critères du système, la conception globale, la conception logique et l'implémentation.

Spécification des prérequis du système

Afin de pleinement comprendre et documenter le développement de votre système, vous devez créer un document dans lequel vous spécifiez les obligations et caractéristiques qui s'y attachent. Selon le contexte, il peut être plus ou moins formel : son but principal est d'orienter les clients, les utilisateurs, les ingénieurs et les développeurs dans une seule et même direction.

Ce document réunit les objectifs commerciaux et les impératifs logiciels, et fait office de contrat entre les parties. Dans un monde idéal, vous recevez un document regroupant les critères et objectifs stratégiques du client, qui intègre les caractéristiques d'une proposition de système et prend en compte les clients, les employés et les autres parties prenantes. Dans ce cas, les objectifs à atteindre sont clairement définis et vous êtes en mesure de comprendre les problèmes et besoins que votre conception devra prendre en compte. En tant que développeur, vous vous concentrez principalement sur les besoins logiciels, et ce cahier des charges vous y aide puisqu'il vous donne les détails du logiciel à développer.

L'introduction du document détaille sa raison d'être, ses destinataires, et définit ce que le système fera, ses résultats et objectifs à atteindre. Puis, la description générale définit la perspective du produit, en mettant en relation le (futur) système avec les autres produits utilisés par le client ou les utilisateurs. Cette section couvre le sujet des fonctionnalités du produit et le type d'utilisateurs. Elle liste les contraintes et limites du système (matérielles, légales, liées à la charte de l'entreprise ou à la sécurité, par exemple).

La section « caractéristiques spécifiques » est consacrée aux détails et propose un système correspondant aux prérequis posés. C'est la section la plus importante du document, qui inclut, *a minima*, les points suivants :

- **critères de l'interface externe** : description des caractéristiques affectant l'interface utilisateur et les autres interfaces système, logicielles ou matérielles ;
- **critères fonctionnels** : section la plus importante, qui décrit toutes les actions que le logiciel sera en mesure d'exécuter ;
- **critères non fonctionnels** : confidentialité, sécurité, performances et évolutivité.

Design conceptuel

Qui peut nier que la programmation est un processus créatif, et parfois même du ressort de l'art ? Marcel Duchamp affirmait que le concept était plus important que le résultat : il utilisait des notes, des croquis et des modèles pour exprimer ses idées. Avec suffisamment de courage, nous pouvons affronter le design conceptuel dans une perspective similaire, et nous éloigner des schémas préconçus pour inventer des solutions réellement innovantes.

La conception, ou design conceptuel, vise à générer et tester un éventail de solutions alternatives, dans le but de trouver la solution optimale.

D'un point de vue méthodologique, après réception ou établissement du document des prérequis du système, il faut concevoir des schémas et diagrammes nous menant à des solutions conceptuelles appropriées.

Ce processus vise à résoudre des problèmes en combinant le savoir, la créativité et la logique. La conception globale est une étape critique du développement du système ; les décisions prises affecteront le coût, la fiabilité et la performance finale du système, à un degré très élevé. Il est donc impératif de prendre son temps lors de cette phase, afin d'obtenir une conception optimale.

La conception globale s'appuie sur les spécifications et prérequis pour générer une série de maquettes (*wireframes*), visuels (*mock-ups*) et prototypes, qui vous aideront à clarifier vos doutes et à formuler des hypothèses et réponses.

Du point de vue de l'interface, posons quelques définitions :

- **maquette** (*wireframe*) : la trame graphique d'un produit, intégrant le contenu et les éléments. C'est un croquis grossier qui contient l'information principale, souligne la structure et l'agencement, et décrit visuellement l'interface utilisateur ;
- **visuel** (*mock-up*) : le visuel utilisé pour la présentation générale du design du produit. Il est statique et inopérable, et est de meilleure qualité graphique que la maquette (ou *wireframe*) ;
- **prototype** : une représentation fidèle, interactive et correspondant à l'interface utilisateur finale. Il fournit une expérience utilisateur complète à tester au cours de simulations, reproduit l'interface réelle ainsi que les interactions fonctionnelles.

Conception logique

En poursuivant dans la conception de votre système, le besoin de représenter vos flux de données entrantes et sortantes se fait sentir. La conception logique permet de créer une abstraction de votre future base de données, indépendamment d'une technologie spécifique : en soustrayant la technologie de l'équation, vous aurez une plus grande liberté lors de la conception du modèle logique.

Un des modèles logiques les plus répandus est le modèle entité-association (EA) : il est composé de différents types d'entités et spécifie la relation qui existe entre elles. Une entité est représentée par un rectangle, avec sa légende à l'intérieur, qui figure une structure de données que vous allez stocker dans votre système : vos utilisateurs, vos produits, etc.

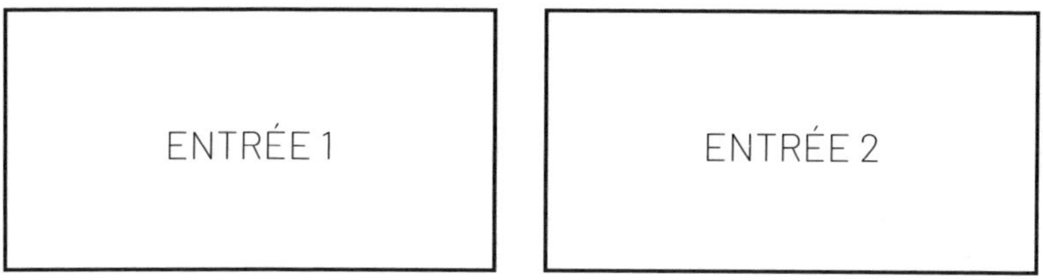

On peut attribuer à ces entités un nom, un âge, une nationalité. Partons du principe que les clients et les factures sont liés : à chaque fois qu'un utilisateur fait un achat, une facture est générée et l'on peut alors dire que l'acheteur fait un achat. On peut donc représenter cette relation avec une ligne connectant l'utilisateur au produit, et représenter l'action *acheter* en ajoutant un diamant vert entre eux.

Le dernier concept à garder à l'esprit est celui de la cardinalité de la relation. Cette dernière précise combien d'entités sont liées à une seule autre entité : un utilisateur peut acheter plusieurs produits.

Implémentation

La dernière étape du développement est l'implémentation, au cours de laquelle vous recevez toute la documentation technique se référant à la conception globale du système, que vous traduisez en bonnes pratiques. Gardez à l'esprit que les prérequis dont nous avons parlé, après validation par votre entreprise ou votre client, sont considérés comme étant contractuels. Votre travail, en tant que professionnel, est de les implémenter en un produit fini qui leur correspond pleinement.

En effet, dans le développement logiciel, il existe un processus de vérification et de validation qui permet au client de s'assurer que le logiciel correspond aux prérequis et satisfait le besoin pour lequel il a été conçu.

Les tests formels effectués selon les besoins utilisateur et le processus stratégique déterminent si un système correspond aux critères d'admissibilité et permet à l'utilisateur, au client ou à toute autre entité autorisée à le faire de déterminer si le système est accepté, ou pas. Donc, si vous voulez être payé, vous devez passer et réussir les tests.

Bien que cela puisse sembler ridicule, la plupart des rejets dans les tests d'acceptation proviennent d'une mauvaise lecture des prérequis. Il est important d'être organisé et méthodique lors de cette étape : prenez le temps de lire le document de spécification des prérequis avec attention et élaborez une liste des tâches à accomplir. Votre outil de planification de tâches favori vous sera d'une grande aide ici. Prenez le temps de revoir chaque tâche plusieurs fois, et n'oubliez pas d'ajouter les scénarios de tests fonctionnels qui permettront de passer toutes les étapes.

ARCHITECTURE

Il a fallu des milliers d'années d'évolution pour que l'architecture fasse son entrée dans le monde animal. Les fourmis vivent dans des fourmilières, créant un réseau de tunnels et de pièces spécifiques à chaque fonction : une pièce pour la reine, une pour les larves, une pour la nourriture. Le schéma se répète au sein de toutes les fourmilières.

Nous autres êtres humains sommes un peu plus évolués que les fourmis, mais nous créons aussi des formes architecturales, que nous reproduisons au sein de nos sociétés : aéroports, routes, ports. Cependant, comme vous le savez, chacune de ces structures est différente. L'architecture de la structure est définie par sa fonction, de telle sorte que certaines architectures sont plus recommandées pour certaines activités que pour d'autres.

La conception logicielle inclut une série de critères qui définissent l'architecture :

- **compatibilité** : le logiciel peut opérer avec d'autres logiciels ;
- **extensibilité** : le logiciel accepte de nouvelles fonctionnalités sans que son architecture en soit fondamentalement modifiée ;

- **modularité** : le logiciel est créé avec des composants indépendants ;
- **maintenabilité** : le logiciel est aisément réparable ;
- **tolérance aux pannes** : le logiciel est en mesure d'être réparé après la panne d'un composant ;
- **fiabilité** : le logiciel fonctionne correctement dans des conditions déterminées ;
- **versatilité** : le logiciel peut être utilisé dans d'autres projets ;
- **robustesse** : le logiciel peut fonctionner sous pression ;
- **sécurité** : le logiciel peut résister aux attaques ;
- **performance** : le temps d'exécution du logiciel est satisfaisant pour l'utilisateur ;
- **portabilité** : le logiciel est utilisable dans des environnements multiples ;
- **extensibilité** : le logiciel peut supporter un nombre croissant de données et d'utilisateurs.

Tout développement logiciel doit donc être pensé de sorte à satisfaire ces critères.

Patrons d'architecture

Il semble évident, désormais, qu'une idée qui s'est révélée utile dans un contexte donné le sera probablement dans un contexte similaire.

Les patrons vous aideront à identifier les combinaisons des blocs de construction qui, efficaces par le passé, seront utiles dans le futur. Lorsque l'on parle d'architecture, il est question de chercher les schémas récurrents dans la structure fondamentale d'un système logiciel. Un patron d'architecture vous donnera un système prédéfini et précisera ses responsabilités, ses règles et ses directives.

Nous définissons le patron d'architecture comme une solution réutilisable à un problème basique et récurrent dans l'architecture logicielle, dans un contexte donné.

Il existe une variété importante de schémas architecturaux, listons-en quelques-uns :

- **architecture en couches** (*layered pattern*) : la structure est divisée en groupes d'abstractions, chaque couche ne servant que la suivante ;
- **client-serveur** : le code est divisé en serveurs et clients ; les clients font des demandes de services au serveur, et le serveur est toujours disponible pour y répondre ;
- **maître-esclave** : le maître distribue le travail entre les composants esclaves et assemble le travail final à partir de la réponse des esclaves ;
- ***pipes and filters*** : les données sont envoyées dans des tubes (ou *pipelines*) et chaque filtre les gère ;
- ***peer-to-peer, P2P*** : chaque pair peut agir comme un client ou comme un serveur, de façon dynamique ;
- **architecture orientée événements** (ou bus d'événements, *event-bus*) : les messages sont délivrés entre des composants sans exiger des composants qu'ils soient enregistrés les uns auprès des autres ;
- **modèle-vue-contrôleur** (*Model View Controller*) : structure composée de trois types de modules : le modèle contient les données, la vue contient la présentation de l'interface

graphique, et le contrôleur se charge du processus lié aux interactions avec les utilisateurs (données entrantes).

Monolithe

Si vous avez déjà travaillé sur un projet *online*, vous connaissez l'architecture monolithe. Une architecture monolithe est une architecture dans laquelle tout le code du système est contenu en un *codebase* qui produit une seule solution. Cela ne signifie pas que le code n'est pas bien structuré ou que la qualité du code est moindre, mais qu'il n'est pas séparé en modules ou composants.

La plupart du temps, on voit le monolithe comme étant impossible à entretenir mais, en réalité, lorsqu'un monolithe ne peut pas être entretenu, c'est souvent à cause de mauvaises pratiques. La validité de cette architecture dépend de l'application de votre logiciel. Si vous travaillez sur un petit projet, dans un temps limité et qui ne sera utilisé que localement, le monolithe peut être approprié.

Si, au contraire, vous travaillez sur une application de grande ampleur, avec un trafic important, vous vous rendrez rapidement compte du fait que le monolithe devient ingérable : beaucoup de développeurs travaillant sur le même projet, beaucoup de fonctionnalités dans un temps réduit, des standards de code insuffisants… il est temps de migrer vers une autre structure.

Comme nous l'apprend la « Loi des Trous » (*Law of holes*) : « Si tu te retrouves dans un trou, arrête de creuser[2]. »

---

2. « *If you find yourself in a hole, stop digging* », une expression anglo-saxonne répandue.

Mon expérience en tant que développeur web m'a appris à reconnaître les cas où je devais envisager de migrer vers le microservice. Avec une équipe de six développeurs, j'entretenais un gros site de e-commerce déployé dans plus de vingt pays, avec un trafic d'environ dix millions d'utilisateurs par mois. C'était un multisite bâti avec un *framework* PHP MVC : un changement dans le *front-end* impliquait le déploiement de tout le code, du *front-end* au *back-end*, ce qui est toujours risqué. Par ailleurs, au fur et à mesure que le trafic augmentait, le serveur devenait plus cher à faire fonctionner, puisque la solution ne permettait pas une expansion appropriée.

API (interface de programmation applicative)

En prenant des distances avec le monolithe, on découvre le concept d'API. Une API, ou interface de programmation applicative, est un protocole de communication entre différentes parties d'un logiciel, visant à simplifier l'implémentation et l'entretien. L'API abstrait l'implémentation et réalise les actions dont le développeur a besoin. Vous pourriez penser que c'est un outil web, mais concentrez-vous sur la partie protocole de communication. Un protocole de communication définit les règles, la syntaxe, la sémantique et la synchronisation du processus de communication qui peut intervenir entre les bibliothèques et les *frameworks*, les applications et les systèmes opérateurs, les méthodes et les objets distants, les applications *front-end* et *back-end*, etc. Si vous travaillez sur un projet web, l'architecture REST (*representational state transfer* ou, littéralement, transfert de l'état représentationnel) peut se révéler très utile pour bâtir des APIs : ce patron est utilisé pour accéder à et manipuler des représentations textuelles de ressources web en utilisant un ensemble d'opérations sans état uniforme et prédéfini.

Les contraintes formelles REST sont les suivantes :

- **architecture client-serveur** ;
- **sans état** : chaque requête client contient l'information nécessaire pour y répondre, l'état de la session est contenu dans la requête ;
- **capacité de caches** : le client et les intermédiaires peuvent mettre en cache les réponses ;
- **système multicouche** : un client ne peut pas dire s'il est connecté directement au serveur final ;
- **code sur demande** : les serveurs peuvent étendre la fonctionnalité d'un client en transférant le code exécutable ;
- **interface uniforme**, définie par :
  - > l'identification des ressources dans les requêtes,
  - > la manipulation des ressources à travers les représentations,
  - > les messages autodescriptifs,
  - > l'hypermédia en tant que moteur d'état d'application (ou HATEOAS, *hypermedia as the engine of application state*).

Microservices

Les microservices sont un moyen de diviser un large élément du logiciel en modules faiblement couplés, qui communiquent entre eux par le biais des APIs. Les modules ou composants sont alors plus petits, déployables et évolutifs indépendamment les uns des autres. Ils sont développés séparément, leur ensemble formant l'application finale. Chaque service opère un processus distinct et gère, la plupart du temps, sa propre base de données, fournissant au développeur une approche décentralisée de la construction du logiciel. Ils automatisent les tests et le déploiement, la livraison continue, chaque service étant élastique, résilient, composable, minimal et complet.

Avantages

- Amélioration de l'isolation des pannes : la panne d'un composant n'affecte pas les autres composants.
- Compréhension aisée, puisqu'il s'agit de pièces de code et de fonctionnalités de taille réduite.
- Langages de programmation différents : chaque composant peut être écrit dans le langage le plus approprié.
- Intégration et déploiement continus, faciles à intégrer avec des outils d'automatisation.
- Extensibilité : un service indépendant peut aisément être étendu.

Inconvénients

- Communication entre les services : votre style de code doit être prêt à gérer des requêtes.
- Débogage (*debug*) : vous devez identifier la source de votre panne et disposer d'un journal (*log*) par service.
- Déploiement : vous aurez parfois à coordonner vos déploiements pour introduire une nouvelle fonctionnalité.
- Rythme de développement : le code est plus lent à implémenter et trop complexe pour les petites entreprises, qui doivent créer et itérer rapidement.
- Test (*testing*) : les tests simultanés deviennent difficiles à mettre en œuvre.

EXTENSIBILITÉ

Pour Yves, bâtir des logiciels dans des environnements de production n'a jamais été un problème. Il n'a jamais eu à se soucier des serveurs ou des bases de données, puisque la plupart de ses clients étaient des entreprises de taille moyenne, avec des sites internet impliquant peu de trafic. Il est possible que le trafic d'un projet augmente significativement, que ce soit une conséquence de l'interaction avec les utilisateurs ou d'un besoin de gérer des quantités importantes de données. Quand une situation semblable survient, il est temps de penser à l'extensibilité de votre système. Indépendamment de l'architecture de votre logiciel et de sa capacité à être étendu, étudions quelques concepts pratiques pour gérer ce problème.

- **Extension verticale** : le fait d'ajouter de la puissance (CPU, RAM) à une machine existante.
- **Programmation concurrente** : l'usage d'une architecture multicœur dans le contexte d'une application unique.
- **Extension horizontale** : extension de votre système en ajoutant des machines à votre parc de ressources.
- **Systèmes distribués** : partage des ressources logicielles et matérielles entre plusieurs machines.

Postulons qu'en tant qu'utilisateur d'un site internet, vous ignorez si vous êtes connecté à une machine ou à des milliers ; il est recommandé d'utiliser l'extension horizontale pour les raisons suivantes :

- **transparence** : vous pouvez donner l'image d'un système unique sans dissimuler les détails de lieu, d'accès, de migration, de concurrence, d'échecs, de relocalisation, de persévérance et de ressources aux utilisateurs ;

- **flexibilité des coûts et performances** : vous pouvez allouer les ressources au moment où vous en avez besoin, et optimiser les coûts et la performance ;
- **fiabilité** : en comparaison à un système unique, un système distribué démontrera une capacité à être sécurisé et cohérent, ainsi qu'à masquer les erreurs ;
- **performance** : en comparaison à d'autres modèles, un modèle distribué fournira une augmentation de puissance bienvenue ;
- **extensibilité** : les systèmes distribués sont extensibles au regard de la géographie, de l'administration ou de la taille.

Équilibreur de charge (*load balancer*)

Il existe désormais des solutions *cloud* pour vous fournir avec transparence les outils dont vous avez besoin pour étendre vos applications. Un équilibreur de charge (*load balancer*) est l'une des solutions les plus puissantes et simples pour vous y aider. À chaque fois que vous devrez vous ajuster à plusieurs serveurs, vous aurez besoin d'un équilibreur de charge pour rediriger le trafic au bon endroit. Disposer de plusieurs serveurs éliminera l'existence d'un point unique d'échec, rendant le système dans son ensemble plus fiable. Un équilibreur de charge distribue la charge de travail selon la capacité de chaque serveur, en évitant de surcharger un serveur spécifique afin de fournir la réponse la plus rapide possible à l'utilisateur. Il détecte la panne d'un serveur et redirige le trafic vers un autre, disponible et fonctionnel. Bien entendu, tous les serveurs fonctionnent sur le même *codebase*, de façon à fournir la même réponse.

Ainsi, la fonction fondamentale d'un équilibreur de charge est d'être en mesure de répartir les requêtes entrantes entre un nombre déterminé de serveurs *back-end* du groupe, selon un algorithme planifié.

Examinons quelques fonctionnalités d'un équilibreur de charge :

- **chargement asymétrique** : un ratio peut être déterminé pour rediriger plus de trafic vers certains serveurs ;
- **activation prioritaire** : des serveurs en attente se mettront en activité si la charge augmente ;
- **refus de service distribué** : peut permettre de détecter et protéger votre système d'attaques DDoS et DoS (qui inondent la cible de trafic ou lui envoie des informations qui déclenchent un crash) ;
- **cache HTTP** : l'équilibreur stocke du contenu statique de façon à répondre à certaines requêtes sans avoir à contacter les serveurs ;
- **file d'attente prioritaire** : des priorités différentes peuvent être attribuées à des trafics variés ;
- **examen de santé** : l'équilibreur de charge détecte la santé du serveur en lui faisant parvenir des requêtes ;
- **persistance de session** : l'équilibreur de charge dirige toutes les requêtes d'un même client vers un serveur unique.

Proxy inverse (*reverse proxy*)

Un proxy inverse est un intermédiaire entre le client et les serveurs. Il accepte des requêtes qu'il envoie vers un serveur en mesure d'y répondre, avant d'envoyer la réponse au client. Le proxy inverse est le point d'entrée dans un réseau interne dont le client n'a pas connaissance. Les réponses fournies au client le sont telles qu'elles semblent émaner du proxy inverse.

Il arrive qu'il soit judicieux d'utiliser un proxy inverse avec un seul serveur, dans la mesure où il augmentera le niveau de sécurité de fonctionnalités telles que le refus de service distribué, les listes noires ou la limitation du nombre de connexions par client. Dans la mesure où le client ne reçoit que l'adresse IP du proxy inverse, l'existence de ce dernier vous permet de changer votre infrastructure *back-end* de façon flexible, ce qui est utile dans des environnements à la charge répartie, dans lesquels il est possible d'augmenter le nombre de serveurs de façon transparente pour l'utilisateur.

Les proxys inverses sont utiles à l'accélération web grâce à ces trois leviers d'action :

- la **compression** des réponses du serveur avant de les envoyer au client ;
- la **résiliation SSL**, qui décrypte les requêtes entrantes et encrypte les réponses du serveur, en libérant les ressources *back-end* ;
- le **cache** : le proxy inverse stocke une copie de la réponse du serveur. S'il détecte une requête identique, il peut fournir la réponse à partir du cache au lieu d'envoyer la requête au serveur, ce qui réduit le temps de réponse et la charge imposée aux serveurs.

Cache

Les concepts de cache et de mémoire tampon sont proches mais différents. Tous deux sont des espaces de stockage temporaire, mais alors que la mémoire tampon (*buffer*) est localisée principalement dans les RAM et agit principalement comme un espace dans lequel le CPU peut stocker des données temporaires, le cache est un espace de stockage à grande vitesse qui peut être séparé du système. Le cache permet de réutiliser efficacement des données préalablement retirées ou traitées. L'information en cache peut inclure les résultats de demandes à la base de données, des calculs complexes, des requêtes API et des contenus et images statiques, entre autres.

Le cache est source de divers bénéfices pour le système :

- **performance** : lecture de données extrêmement rapide à partir du cache ;
- **protection de la base de données** : baisse du nombre total des opérations entrantes et sortantes.

Le concept du cache est applicable à plusieurs domaines :

- le **cache de base de données** : permet l'augmentation du débit et réduit la latence de l'extraction de données associée aux bases de données *back-end*.
- le **réseau de diffusion de contenu (CDN)** fournit la capacité d'utiliser un réseau global de lieux distincts pour délivrer une copie de contenu statique en cache. Il utilise la localisation la plus proche du client pour réduire le temps de réponse ;
- la **gestion de session** : la gestion de données centralisées permet de mémoriser les préférences de l'utilisateur et fournit un contenu plus riche au sein des serveurs web ;
- le **cache web** implique l'utilisation d'un proxy web (serveur intermédiaire séparant les utilisateurs des serveurs sur

lesquels ils surfent) retenant les réponses des serveurs. Le cache côté client peut notamment se faire à travers le navigateur en retenant une version cachée d'un contenu web ;

- **interfaces de programmation (API)** : les réponses des APIs peuvent être en cache, séparées des points d'arrivée qui ne sont pas mis à jour régulièrement afin de réduire la charge des serveurs.

Extensibilité des bases de données

Dans l'éventualité où vous auriez à étendre vos ressources de bases de données, mais avez atteint les limites de votre machine et où le coût de sa mise à jour serait trop important, il vous faut ajouter des serveurs et créer un *cluster*. En premier lieu, vous devrez prendre en considération la capacité de votre base de données à être étendue horizontalement. Si ce n'est pas possible, il vous faudra refactoriser votre code pour modifier votre moteur de base de données. Il existe deux techniques pour étendre votre base de données :

- la **réplication** : le fait d'installer une copie maîtresse des données au sein d'un nœud acceptant les opérations d'écriture et les multiples répliques de lecture seule. Lorsque les données sont modifiées sur la copie maître, les modifications sont dupliquées aux autres copies ;
- le **partitionnement horizontal** (*database sharding*) : le fait de partitionner les données entre plusieurs serveurs de bases de données.

Le premier avantage du partitionnement est la possibilité de répartir sur plusieurs serveurs le volume de travail à prendre en charge. Les bénéfices globaux de l'extension horizontale d'une base de données sont importants. Ils permettent notamment une réduction des coûts, dans la mesure où les nœuds sont plus restreints ; il est alors possible d'ajouter une infinité de nœuds, le système sera résilient et présentera une meilleure résistance aux pannes.

MICROSERVICES

Dans les chapitres précédents, nous avons introduit le concept d'architecture microservices en opposition au monolithe. Les techniques de développement agile étant de plus en plus populaires, les entreprises et start-ups déploient très rapidement de nouvelles idées sur le marché. Elles doivent les faire valider par ce dernier et, si elles sont assez pertinentes, elles pourront élaborer des éléments logiciels plus matures. L'architecture microservices joue un rôle majeur dans cet environnement changeant.

L'architecture monolithe est un facteur de ralentissement dans le cadre de ces évolutions de marché, et cette réalité force les acteurs à chercher de nouvelles alternatives. Les microservices, eux, sont agiles et fournissent des réponses plus rapides aux situations changeantes, puisqu'ils sont composés d'éléments de code de petite taille couvrant un service et peuvent être réutilisés pour de multiples projets en même temps, avec un langage agnostique. Une architecture microservices permettra à l'entreprise d'utiliser des services externes plus rapidement, elle pourra avoir recours à des services d'autres entreprises et les intégrer dans son flux de produits.

La forte croissance des appareils connectés, de l'internet des objets et du Big Data requiert une adaptation de la part des entreprises, et ce sont des environnements auxquels le microservice est parfaitement adapté. Des millions d'appareils envoient des volumes de données limités de façon simultanée, données vouées à être partagées et utilisées de façons variables, certains types de données devant peut-être être exploités de façon différente selon les conditions en présence : l'architecture microservices offrira ici une grande flexibilité, ainsi qu'une extensibilité appropriée.

Il va sans dire qu'une multiplicité de petits éléments interconnectés qui doivent travailler en harmonie pour fournir un résultat donné représente une difficulté : l'architecture microservices devient une partie structurante des systèmes en réglant des problèmes mineurs et en fournissant un service sans être au fait des services rendus par ailleurs. La clé du fonctionnement optimal d'un tel système est la synergie, qui permet de bâtir un flux satisfaisant et est en mesure de résoudre un problème élégamment : un microservice isolé ne sera d'aucune aide. Ce flux sera donc une séquence de services en même temps que le lien entre les services, et c'est ainsi qu'il sera source d'un résultat de Jedi !

Orchestration

Comme nous l'avons précédemment décrit, nous devons créer une séquence d'interactions entre les services pour accomplir notre objectif. Du point de vue de l'orchestration, un processus unique et centralisé coordonne les interactions entre les services. Cet orchestrateur est chargé d'invoquer et de combiner les services. Distinguons :

- les **services atomiques**, qui sont entiers et ne font appel à aucun autre service ;
- les **services composés**, qui font appel à d'autres services, puisqu'ils agissent à la fois en tant que fournisseurs de service et consommateurs de services générés.

Il est simple de poser les bénéfices de l'utilisation de l'orchestration pour les services et microservices :

- ils sont aisés à gérer et à maintenir ;
- les services générés ont une action et renvoient une réponse ;
- la gestion et l'entretien des processus d'état ainsi que le suivi sont aisés ;
- ils sont fiables, capables de remplir leur fonction sous les conditions et pendant la période déterminée.

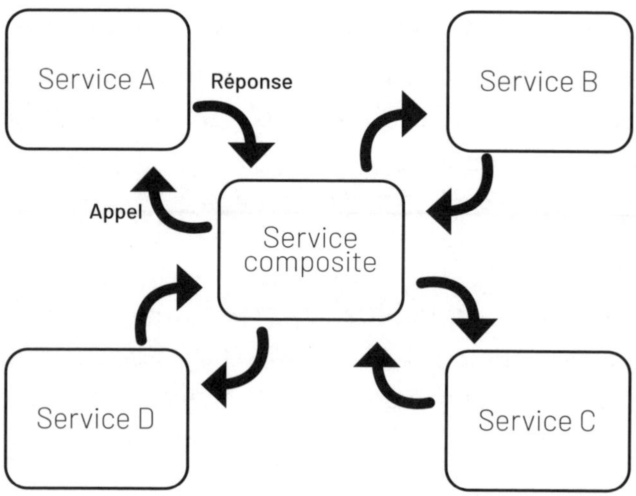

Chorégraphie

L'approche chorégraphique est une alternative à la création d'une séquence d'interactions dans le but d'accomplir un objectif. De ce point de vue, il n'existe pas de processus unique et centralisé, et les décisions, logiques et interactions sont distribuées entre les services. La chorégraphie de services est une description globale de services participants, définie par des échanges de messages, des règles d'interaction et d'accords entre les services. Les bénéfices de son utilisation sont majoritairement :

- le couplage bas des services, c'est-à-dire la possibilité de faire interagir deux modules à travers une interface stable et simple, sans que chacun ait besoin de prendre en compte l'implémentation interne de l'autre module ;
- un travail plus efficace pour des équipes agiles.

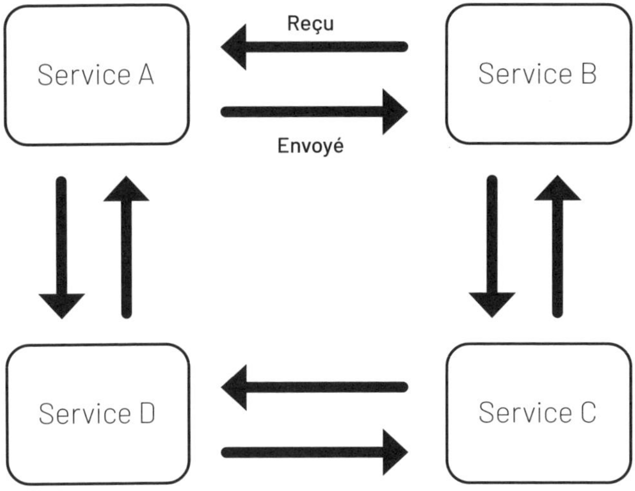

Conteneurs

Plus on avance dans l'implémentation d'une architecture microservices, plus on rencontre des problèmes récurrents. Avez-vous déjà remarqué que votre code ne fonctionne pas comme prévu lorsque vous passez d'un environnement à un autre ? Votre code est parfaitement fonctionnel dans une machine locale, mais lorsque vous le déployez au sein d'un serveur de test, il ne se comporte pas comme prévu : les tests sont au vert, mais le code ne fonctionne pas... en voilà, une colle !

C'est lié à la configuration du serveur, les versions des bibliothèques et autres types de contraintes.

Quelques esprits affûtés ont formulé le concept de conteneurs pour régler ce point. Un conteneur est une unité logicielle standard qui englobe le code et ses contraintes de telle sorte que l'application fonctionne rapidement et de façon fiable, d'un environnement à un autre. En synthèse, il suffit de tout ranger dans un conteneur unique – le code, le temps d'opération, les outils système, les bibliothèques et les réglages – et de les utiliser à chaque fois que vous en avez besoin, même localement.

Cette méthode garantit que le système fonctionnera de façon stable et identique, quelle que soit la machine sur laquelle vous souhaitez le déployer. Un conteneur isole le logiciel de son environnement et assure donc son fonctionnement normal. Dans le cas d'une architecture microservices, les conteneurs sont des blocs de construction indispensables, puisque vous aurez à déployer une multitude de petits services dont l'extensibilité dynamique est requise : les conteneurs ouvrent une voie créative nouvelle.

Tracing distribué

Travailler avec des microservices distribués peut s'avérer de l'ordre du chaos complet lorsque l'on perd le fil de ce qui se produit au sein du système. Une application cliente fait appel à un microservice et, à partir de là, une autre est appelée, et ainsi de suite : le stade auquel on obtient une réponse d'expiration arrive rapidement, sans même pouvoir localiser le microservice qui l'émet. Il devient alors nécessaire de vérifier tous les microservices, les uns après les autres, afin de localiser celui qui cause le problème : pour chaque microservice, il faut faire une vérification du journal (*log*) et identifier l'origine : ce processus prend une éternité.

Fort heureusement, il est possible d'utiliser le *tracing* (ou traçage) distribué ou les requêtes de *tracing* pour faire un suivi efficace du système. Le *tracing* distribué est utile pour décrire et suivre les architectures microservices, localiser les pannes et améliorer les performances d'un système. Grâce à cette méthode, il est possible de suivre les progrès d'une requête unique, à partir de son point de départ et jusqu'à sa destination. On retrace ainsi son parcours tout au long d'un système complexe, on découvre les latences de ses composants et l'on identifie celui ou ceux à l'origine d'un ralentissement. Une trace distribuée est composée d'intervalles de durée représentant chacune une unité de travail au sein d'un système distribué. Chaque durée est nommée, mesurée et peut référencer d'autres durées. Ces données sont lisibles à partir d'un point unique ; on obtient une trace complète de l'ensemble du système distribué, afin de les analyser de nombreuses façons, comme *via* les détections d'anomalies (*anomalous span detection*) : les intervalles de durée lente en comparaison d'un comportement normal, les demandes spécifiques de données distribuées afin de créer des tableaux de bord ou alertes, etc.

EAU

Aurélie a investi les plus belles années de sa vie dans ses études en ingénierie informatique, dont un master en intelligence artificielle. La route n'a jamais été facile dans un milieu essentiellement masculin, et elle a souvent ressenti la nécessité de prouver sa valeur bien plus que ses collègues. Avec le temps, elle a normalisé la situation et est parvenue à éliminer les préjugés à son égard. Elle est désormais presque au bout de sa trentaine et travaille dans la même entreprise depuis presque sept ans. Elle est devenue une développeuse confirmée et mature, se sent pleinement membre de son équipe, partage ses idées et se sent respectée par ses collègues. Travailler dans une grande entreprise est toujours une expérience enrichissante, et offre l'opportunité d'acquérir les savoirs d'autres développeurs au quotidien. Elle est elle-même experte dans son domaine au sein de l'organisation, et elle assiste régulièrement à des séminaires grâce auxquels elle s'enrichit de nouvelles compétences.

Son entreprise lui fournit un *codebase* mature et toutes les informations lui permettant de comprendre le système correctement. Tout est bien documenté et inclus dans un guide de code interne. Il existe une méthodologie claire en matière de développement, *testing*, sécurité et déploiement, il est rare qu'un nouveau bug soit introduit dans l'environnement de production. Il lui est demandé de rédiger des tests pour chaque nouvelle fonctionnalité, et le flux de déploiement bloque le processus en cas de test échoué. Son environnement de travail est parfaitement défini et lui fournit la possibilité de se concentrer sur sa tâche.

En tant que développeuse senior, elle collabore avec d'autres départements, comme les opérations, l'assurance qualité (QA), la production ou le service clientèle : les opportunités d'apprentissage et de gain de compétences sont nombreuses dans un contexte de collaboration interservices. Il lui arrive d'être une membre proactive de l'équipe et d'assister les employés non techniques à automatiser une procédure fastidieuse et répétitive. Bien qu'elle ne soit pas une développeuse sécurité, elle se doit d'être consciente de l'importance des bonnes pratiques dans ce domaine.

Au fil du temps, elle est devenue une membre importante de l'équipe et a la possibilité de devenir *lead developer* (développeuse principale). Aurélie est donc une développeuse senior qui a atteint son potentiel, travaille dans un environnement sain avec des gens qu'elle apprécie et contribue à bâtir un produit satisfaisant. Elle est en mesure de prendre en charge d'autres développeurs et de mener à bien des projets complexes incluant des critères de qualité élevés. Elle sait travailler à long terme sur des projets complexes sans perdre de vue ni l'objectif ni sa motivation, et sait mener son équipe à son meilleur niveau. Elle se sent bien dans ce qu'elle fait, mais il lui arrive d'avoir une étrange pensée : « Comment me transcender ? »

Aurélie est à dominante Eau.

INTRODUCTION

Caractéristiques

Le développeur Eau est très méthodique et organisé, il traite des problèmes complexes au quotidien. Il est détendu et conscient de ses limites. Il dispose d'une base de connaissances large, sait laisser son ego de côté et travailler pour le succès de l'équipe.

Forces et faiblesses

Forces	**Faiblesses**
Spécialisé	Obtus
Calme	Lent dans la prise de décisions
Conscient de ses limites	Pas impulsif
Concentré sur les exigences non fonctionnelles	Distant des utilisateurs

Suivez-moi

Suivez-moi au travers des chapitres suivants, dans lesquels nous parlerons d'Aurélie, l'élément Eau :

- **leadership** : j'évoquerai la pertinence du travail en équipe, ainsi que l'importance d'être un bon leader et quelques façons de le devenir ;
- **sécurité** : il sera question de l'importance de la sécurité dans son ensemble dans le domaine du développement logiciel ;
- **données** : j'exposerai quelques idées relatives aux alternatives dans le domaine des données et du Big Data ;
- **continuité** : j'introduirai les concepts d'intégration, de livraison et de déploiement continus ;
- **tests** : je décrirai les techniques de *testing* de base, de façon à garantir la qualité des logiciels.

TESTS

Les tests sont probablement la pratique la plus sous-estimée dans le domaine du développement, en particulier par les jeunes développeurs, mais ils sont absolument indispensables pour garantir la qualité du logiciel. Ce sont eux qui permettront de vérifier et de valider la conformité de nos applications avec les exigences de comportement, d'usage et d'efficacité définies en amont. La vérification assure que le logiciel implémente une fonction spécifique. La validation, quant à elle, assure que le logiciel corresponde aux exigences utilisateur.

On distingue deux façons d'effectuer les tests :

- les **tests manuels** sont ceux pour lesquels l'humain utilise des plans, des cas ou scénarios pour tester le logiciel ;
- les **tests automatiques** sont ceux pour lesquels le développeur écrit des scripts de tests à opérer de façon répétée.

Notre but, en tant que développeurs, est d'automatiser au maximum les tests, afin d'être en mesure d'allouer plus de temps et de ressources à l'implémentation de nouvelles fonctionnalités et améliorations au produit final. Selon leur finalité, on divise les tests en deux catégories :

- les **tests fonctionnels**, qui vérifient que chaque fonctionnalité de l'application opère en conformité avec les spécifications et prérequis ;
- les **tests non fonctionnels**, qui vérifient d'autres aspects de l'application, comme la performance, l'ergonomie, la fiabilité, l'extensibilité.

Tests fonctionnels

Comme décrit précédemment, il est nécessaire de vérifier la conformité de l'application avec les exigences et spécifications dont nous disposons. Les tests fonctionnels se répartissent en quatre étapes.

- Les **tests unitaires** sont la base minimale que vous devez maîtriser pour accroître vos compétences en tant que développeur : ils représentent des unités de code comme les fonctions, les modules, etc., qui imitent les données afin de vérifier que le fonctionnement est approprié. En synthèse, ils vous permettront de vérifier si vous avez endommagé quoi que ce soit lorsque vous ajoutez des fonctionnalités à votre code. Vous pourrez ainsi gagner beaucoup de temps et d'argent à long terme : le coût des corrections au terme du processus est bien plus élevé que celui des corrections à son début.

- Les **tests d'intégration** s'assurent du comportement de plusieurs unités combinées les unes avec les autres, dans différents scénarios : même dans le cas où les unités passent les tests individuellement, il peut arriver que leurs interactions produisent des comportements autres que celui attendu.
- Les **tests système** évaluent le système dans son ensemble. Ils ont donc la charge de vérifier que le résultat final est conforme aux spécifications fonctionnelles et techniques, et aux standards de qualité attendus par l'entreprise dans un environnement de production similaire.
- Les **tests d'acceptation** vérifient l'adéquation du produit final avec l'esthétique, le fonctionnement interne et les exigences contractuelles du client. Il en existe plusieurs sortes : les tests d'acceptation utilisateur sont menés par ces derniers ; les tests d'acceptation opérationnelle permettent de vérifier que le système peut être facilement utilisé et entretenu ; les tests d'acceptation contractuelle permettent de vérifier que le produit correspond aux standards légaux et de sécurité ; les tests alpha vérifient sa qualité ; les tests beta sont utilisés lors de son lancement sur le marché.

Tests non fonctionnels

Dans tout document de spécifications des prérequis du système, vous trouvez une liste de critères non fonctionnels à prendre en considération lors du développement du logiciel. Les tests non fonctionnels permettent de vérifier tous ces aspects et leur conformité aux exigences fixées, et ils revêtent la même importance que les tests fonctionnels : vous pouvez écrire un code de bonne qualité et résoudre un problème complexe, mais si sa performance n'est pas suffisante dans l'environnement de production, c'est du temps perdu. Les exigences non fonctionnelles peuvent être nombreuses et variées, mais certaines sont plus communes que d'autres.

- La **sécurité** : le système est-il assez sécurisé pour faire face aux attaques d'utilisateurs et sources internes ou externes ?
- La **fiabilité** : le système fonctionne-t-il dans des conditions et pour une période déterminées ?
- La **survie potentielle** : le système continue-t-il de fonctionner et se corrige-t-il en cas d'échec ?
- La **disponibilité** : le système opère-t-il de façon satisfaisante lors d'une utilisation dans des conditions et un environnement idéaux ?
- L'**ergonomie** : l'utilisateur peut-il apprendre, opérer et interagir avec le système ?
- L'**extensibilité** : le système peut-il être étendu pour répondre à une demande en augmentation ?
- L'**interopérabilité** : comment le système interagit-il avec d'autres systèmes externes ?

- L'**efficacité** : le système gère-t-il ses ressources correctement, notamment la mémoire, le processeur, le disque et le réseau ?
- La **flexibilité** : le système peut-il fonctionner sur différentes machines et avec différentes configurations ?
- La **portabilité** : le système peut-il être transféré d'une machine à une autre, ou d'un environnement à un autre ?
- La **réutilisabilité** : le système peut-il être partiellement ou totalement converti afin d'être utilisé dans une autre application ?

50 nuances de tests (*Testing Flavours*)

Maintenant que vous comprenez toute l'importance des tests pour notre profession, vous devez vous intéresser aux processus qui vous permettront de vous entraîner de façon sécurisée. Si vous travaillez dans un environnement de développement agile, vous devez être familier des TDD, BDD et ATDD : ils sont complémentaires et peuvent être utilisés ensemble ou séparément. En tant que développeur, il est indispensable que vous maîtrisiez au moins le TDD, le BDD et l'ATDD nécessitant non seulement une équipe technique, mais aussi une équipe produit ou un utilisateur final.

- ***Test Driven Development* (TDD)**, ou développement piloté par les tests, est un processus de développement logiciel reposant sur la répétition d'un cycle de développement très court, dans lequel les exigences sont converties en cas de tests. Ces cas de tests échoueront, puisque la fonctionnalité n'est pas encore codée, puis le développement d'une fonctionnalité extrêmement simple permettra de passer le test et de refactoriser, puis de répéter l'ensemble. Je vous invite à pratiquer les TDD, et à progresser grâce à eux.

- ***Behaviour Driven Development* (BDD)**, ou programmation pilotée par le comportement, est un processus de développement encourageant la collaboration entre développeurs, ingénieurs qualité et participants non techniques au projet. Il suit le même processus que le TDD, mais les scénarios sont définis du point de vue de l'utilisateur et en utilisant la langue anglaise compilée en code.
- ***Acceptance Test-Driven* Development (ATDD)**, ou développement piloté par les tests d'acceptation, est un processus de développement qui encourage la collaboration entre les développeurs, les testeurs et les clients. Son principal objectif est d'aider les développeurs et testeurs à comprendre les besoins du client et de lui permettre de les exprimer par ses mots propres. Les tests deviennent donc un travail d'équipe plutôt qu'une tâche individuelle, et toutes leurs variations sont générées par les étapes précédentes.

TDD

Pour simplifier, le TDD consiste à écrire des tests dédiés à une fonctionnalité (ou à une partie, un aspect d'une fonctionnalité), avant d'écrire le code complet. Dans la mesure où vous n'avez pas de code, le test échouera à la première tentative, et vous devrez écrire le code pour qu'il soit passé. Après cette étape, vous pourrez améliorer le code et itérer.

En effet, avec le TDD, vous réfléchissez avant de coder, vous divisez le problème en unités plus restreintes et testables, et vous créez une documentation qui vous aidera à concevoir tous les cas d'usage dont vous avez besoin pour implémenter ensuite. Au bout du compte, votre code sera plus complet et robuste.

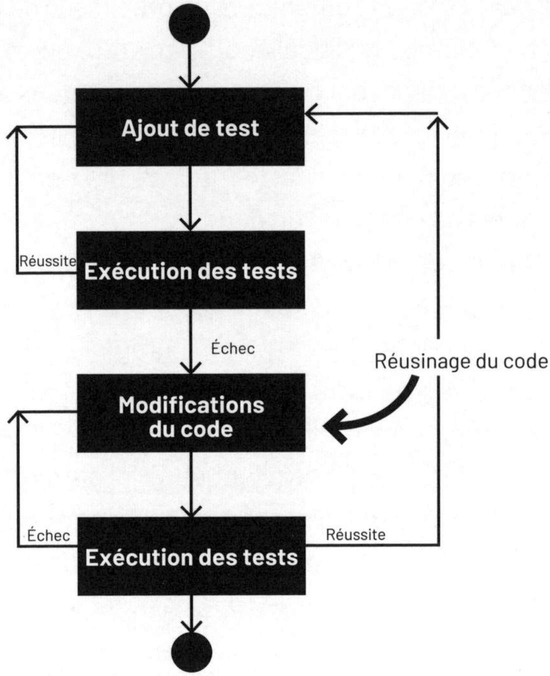

CONTINUITÉ

Dans le développement moderne, les processus continus sont des facteurs clés pour l'agilité. Grâce à l'automatisation, ces processus permettent une mise sur le marché accélérée de logiciels bien testés et sûrs, et le partage constant du code permet des réparations anticipées des défauts. Il faut du temps pour implémenter ces techniques et processus, mais ils sont bénéfiques et pertinents.

Voici quelques concepts clés et pratiques du processus continu :

- **développement par branches** : utiliser la branche principale comme source de vérité et créer des embranchements pour ajouter de petits changements et nouveautés. Après avoir fini le code, fusionner (*merge*) tous les embranchements de façon à ce que le code soit partagé avec les autres développeurs ;
- **petits changements itératifs** : diviser le développement en petites tâches, ce qui minimise l'impact de l'intégration du code et réduit la fréquence des *merge* avec la branche principale. On peut ainsi résoudre les problèmes d'intégration en amont ;
- **compilation et tests rapides** : minimiser le temps de compilation (*build*) et de test, étant donné qu'il s'agit ici d'un processus automatisé et répété régulièrement ;
- **construire un pipeline cohérent** : créer un pipeline de développement et de déploiement cohérent, dans lequel des règles et paramètres identiques sont appliqués et un code identique est utilisé durant toute l'itération pour éviter les incohérences de conception. Pour gérer plusieurs environnements, il est nécessaire de configurer le déploiement du système et d'automatiser le processus en utilisant les mêmes outils et procédures ;
- **découpler le déploiement et l'exposition** : il est important de différencier déploiement et publication du produit auprès des utilisateurs, ce qui signifie qu'il est possible de déployer le code en production sans le rendre actif pour les utilisateurs, de façon à donner de la flexibilité à l'entreprise.

Intégration continue (*continuous integration*)

Le premier des processus à adopter en tant que développeur agile est celui de l'intégration continue. La première étape est de travailler efficacement sur les branches pour finalement pouvoir effectuer des tests automatiques à chaque *merge* sur la branche principale. Le fait de travailler sur de petites modifications et de faire des fusions régulières nous évite des problèmes futurs à plus grande échelle. Il est donc question de *merges* de modifications quotidiennes. On imagine facilement la rapidité avec laquelle on devra gérer des bugs créés accidentellement.

En synthèse, à chaque *pull request* ou *commit* d'un développeur, les tests se lancent et, s'ils échouent, empêchent le *merge* des modifications aussi longtemps que le code n'aura pas été corrigé et d'autres tests réussis. Il faut donc rédiger des tests pour chaque nouvelle fonctionnalité, amélioration et réparation. Tout le monde n'est pas friand de ces procédures, mais vous réaliserez rapidement que la qualité de votre code en sera améliorée.

Adopter l'intégration continue permet :

- d'améliorer vos compétences en test ;
- de développer la concentration de vos développeurs ;
- de réduire le nombre d'erreurs déployées en production ;
- de réduire les coûts des tests, dans la mesure où la plupart sont automatisés ;
- de réduire le temps de travail de vos ingénieurs qualité ;
- d'optimiser la gestion du temps, en divisant les problèmes importants en tâches plus petites ;

- de donner plus de flexibilité à l'équipe produit pour itérer des idées.

Livraison continue (*continuous delivery*)

Avec la livraison continue, vous améliorerez largement vos compétences de développeur agile. Vous pourrez publier de nouvelles modifications rapidement et de façon sécurisée en un simple clic.

Vous avez désormais des tests et un processus de livraison automatique. Bien entendu, il vous faut déployer en production le plus tôt possible afin de publier de petites améliorations à votre produit, et de corriger les problèmes mineurs le plus vite possible. Pour ce faire, il est important que votre processus d'intégration continue soit bien établi, puisque vos tests doivent couvrir le plus de code possible pour vous prémunir des erreurs. Il peut être également pertinent d'utiliser des techniques de *feature toggling* (basculement des fonctions) afin de rendre les nouvelles fonctionnalités accessibles aux utilisateurs rapidement. Ces techniques permettent d'activer ou de désactiver une fonctionnalité en production de façon dynamique, en utilisant des variables de production. De cette façon, vous pourrez tester une nouvelle fonctionnalité et, en cas de problème, vous n'aurez qu'à désactiver la fonctionnalité en question. Pas besoin de redéployer.

Adopter la livraison continue vous permettra :

- d'augmenter vos compétences en test ;
- de supprimer la complexité du déploiement de votre charge de travail ;

- de réduire le délai de publication ;
- d'améliorer les retours qualité de la part de vos utilisateurs ;
- de donner plus de flexibilité à l'équipe produit pour itérer des idées.

Déploiement continu

La dernière étape de processus continu est le déploiement en production, grâce auquel vous ajouterez un déploiement pleinement autonome au processus de production. Si tous les tests sont réussis, le pipeline déploiera automatiquement vos changements en production.

Aussi risqué que cela puisse paraître, ce processus accélère la boucle de *feedback* (*feedback loop*), étant donné que l'équipe de développement engage ses modifications aussitôt après qu'elles sont codées. Adopter ce processus peut parfois être un chemin long à emprunter, sur lequel la culture de votre équipe est un point critique : la culture de tests de votre entreprise détermine la qualité de vos productions publiées. Non seulement les compétences en test sont des facteurs clés de ce processus, mais la documentation et le *feature toggling* doivent faire partie de votre routine quotidienne.

Adopter le déploiement continu vous permettra :

- d'améliorer vos compétences en test ;
- de réduire les risques liés à la publication, dans la mesure où vous codez pour résoudre des problèmes d'ampleur limitée ;
- d'augmenter le rythme des publications ;
- d'affiner la perception utilisateur d'amélioration de votre produit ;
- d'améliorer la perception utilisateur de la qualité de votre produit.

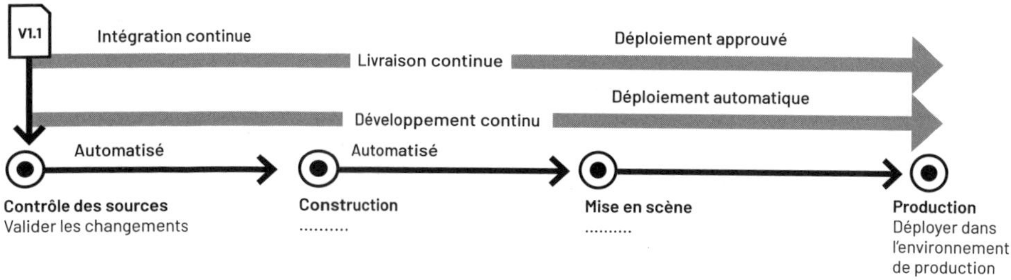

DevOps

À ce stade votre carrière, il n'est plus seulement question de code. Vous devriez embrasser pleinement l'élément Eau et apprendre le DevOps. Il vous arrivera de travailler dans une équipe au sein de laquelle vous ne vous soucierez que du code, mais il pourra arriver que vous ayez à mettre en place la totalité des méthodes que nous avons évoquées.

Le DevOps est une approche de la culture, de l'automatisation et du design visant à livrer une valeur ajoutée supérieure et des retours d'efficacité grâce à la livraison rapide et de haut niveau de qualité. Pas mal ! Les ingénieurs DevOps doivent disposer d'un éventail de compétences techniques, dont :

- le *source control*, c'est-à-dire la gestion du suivi des modifications du code, souvent opéré par un système appelé Git ;
- les outils d'intégration continue ;
- l'automatisation de l'infrastructure ;
- l'automatisation et l'orchestration du déploiement ;
- les conteneurs, les plateformes *cloud* et, bien entendu, les tests.

Ils doivent aussi disposer d'un éventail de compétences en savoir-être, dont :

- l'écriture, afin de documenter tous les savoirs et procédures adoptés dans le pipeline ;
- la communication verbale, afin de partager en permanence le savoir et la culture avec les membres de l'équipe ;
- le sens de la collaboration, afin d'aider l'équipe à conserver sa concentration de travail pendant qu'ils facilitent la résolution d'incidents mineurs ;
- un état d'esprit centré sur l'utilisateur, afin de faire preuve d'empathie, de poser les priorités et d'être transparents avec le reste de l'équipe.

DONNÉES

Combien de fois avez-vous entendu cette expression : « Le temps, c'est de l'argent » ? Bien que ce soit absolument vrai, on oublie souvent que la donnée aussi, c'est de l'argent.

Pour une entreprise ou un particulier, l'information est le résultat d'un traitement de données en conséquence d'une logique commerciale, qui donnera de la valeur à l'entreprise, qu'il s'agisse de données relatives au comportement des utilisateurs ou de l'analyse de millions de chiffres.

Dans le premier cas, il est possible de vendre les données comportementales des utilisateurs à une société de publicité, qui les utilisera pour cibler un contenu spécifique pour ces utilisateurs. Cela signifie que les données ont de la valeur et qu'elles en ajoutent donc à l'entreprise. Dans l'autre cas, elles seront utiles à un laboratoire de recherche, par exemple. Dans la mesure où ces données sont précieuses pour les entreprises, nous devons, en tant que développeurs, en assurer l'intégrité.

L'intégrité des données, c'est leur exactitude et leur cohérence au cours d'un cycle de vie. C'est la fiabilité des données, qui demeurent dans les mêmes dossiers, espaces mémoire ou bases de données, et qui peuvent être utilisées à de multiples reprises, de façon similaire. Toute modification de donnée représente une compromission d'intégrité, qu'elle soit due au stockage, à la récupération ou à l'analyse des données, à une panne matérielle ou à une erreur humaine. Les développeurs sauvegardent donc régulièrement leurs bases de données, de façon à pouvoir surmonter une panne matérielle ou une corruption. Disposer d'une infrastructure de bases de données redondante peut donc contribuer au maintien de l'intégrité des données.

De nos jours, dans les environnements Big Data, nous travaillons essentiellement avec des données non sensibles, dont la corruption partielle n'est pas problématique. Disons que vous soyez ent rain de *streamer* une vidéo en direct et qu'une partie des données soit corrompue : l'utilisateur final ne remarquera qu'un problème mineur, ce qui ne nuit à personne.

Certaines règles peuvent aider à garantir l'intégrité des données.

ACID

Le modèle ACID est un des plus anciens et importants concepts dans les théories de bases de données : il fournit un environnement sécurisé afin de traiter ces dernières. Imaginons un instant que nous traitons des paiements, et que plusieurs clients tentent d'acheter le même produit au même moment alors qu'il ne reste qu'une unité en stock. Bien entendu, il n'est pas possible de vendre plus d'une unité, mais nous ignorons, *a priori*, lequel des clients complètera son paiement, ou si un problème quelconque se présentera. Ici, nous pouvons utiliser les transactions.

Une transaction est un ensemble de tâches et procédures liées les unes aux autres, qui doivent fonctionner de façon synchronisée pour effectuer entièrement un processus de transaction commerciale. L'acronyme ACID renvoie aux quatre propriétés essentielles d'une transaction : atomicité, cohérence, isolation et durabilité :

- **atomicité** : une transaction doit être complète, sauvegardée, ou bien entièrement annulée ;
- **cohérence** : la transaction doit être compatible avec l'état de la base de données, telle qu'elle était avant la transaction ;
- **isolation** : les données de la transaction ne doivent pas être accessibles aux autres transactions tant que la transaction d'origine n'est pas finalisée ;
- **durabilité** : les changements de données de transaction doivent être possibles, même dans le cas d'une panne de la base de données.

Dans le cas évoqué plus haut, nous pourrions installer une contrainte dans les données produit, selon laquelle le stock ne pourrait être inférieur à zéro : lorsque le premier client tente d'acheter le produit, le stock est réduit à zéro et il est donc en mesure d'engager la transaction. Lorsque le second client tente d'acheter le même produit, il tente de réduire le stock à moins un, et la transaction échoue. Cela oblige la transaction à un *rollback* : c'est-à-dire l'action de restaurer la base de données à un état précédent par l'annulation d'une transaction spécifique.

BASE

Il existe des applications dans lesquelles la cohérence des données n'est pas primordiale, essentiellement les environnements NoSQL (p. 212). Certaines bases de données ont relâché les exigences de cohérence immédiate, de mise à jour des données et d'exactitude, afin de gagner en capacité de croissance et en résilience.

Le théorème de Brewer établit qu'il est impossible pour une base de données de respecter plus de deux propriétés parmi les suivantes :

- **cohérence** : chaque lecture reçoit l'écriture la plus récente ou une erreur ;
- **disponibilité** : chaque requête reçoit une réponse, sans la garantie qu'elle contienne l'écriture la plus récente ;
- **tolérance au partitionnement** : le système continue d'opérer en dépit d'un nombre arbitraire de messages livrés au sein du réseau, entre les nœuds.

Un modèle BASE atteint une grande disponibilité, mais ne garantit pas la cohérence des données dupliquées au moment de l'écriture.

- ***Basic availability*** (disponibilité basique) : les opérations basiques de lecture et écriture sont disponibles autant que possible, mais sans aucune garantie de cohérence ;

- ***Soft-state*** : les stockages n'ont pas à être cohérents en écriture, et les différentes reproductions n'ont pas à être mutuellement cohérentes en permanence ;
- ***Eventual consistency*** (uniformité finale) : si le système est fonctionnel et que l'on attend suffisamment après une entrée de données, il est finalement possible de connaître l'état de la base de données.

L'utilisation de cette approche permettra de gérer de larges volumes de données structurées, semi-structurées et non structurées, et accroîtra votre architecture horizontalement de façon à augmenter sa performance et sa disponibilité.

Big Data

Dans la mesure où tous les appareils sont désormais de plus en plus connectés, il existe de nouvelles sources de données non structurées qui doivent être stockées et traitées. Ces données génèrent de nouvelles opportunités, pour les développeurs et les data analysts, de créer des applications qui étaient de l'ordre de la science-fiction il y a encore quelques années. Lorsque l'on parle de Big Data, on parle en réalité de volumes de données colossaux ainsi que des techniques utilisées pour les analyser.

Le Big Data se définit par :

- le **volume** : le traitement de grands volumes de données non structurées de faible densité ;
- la **vélocité** : le rythme rapide de réception des données ;
- la **variété** : le nombre de types de données disponibles ;
- la **véracité** : la qualité des données reçues.

Les données doivent parfois être traitées en temps quasi réel, en utilisant des algorithmes complexes et des technologies telles que le *natural language processing* (NLP, traitement automatique du langage naturel), le *machine learning* (apprentissage machine) ou le *deep learning* (apprentissage profond), qui requièrent des traitements en parallèle et à grande échelle.

Les bases de données NoSQL sont extensibles horizontalement, tolérantes aux pannes et plus flexibles lorsque l'on travaille avec des données non structurées. Plusieurs outils permettent de les utiliser et de les analyser :

- les **stockages de documents** permettent de stocker les données non structurées dans des documents JSON (p. 210) au sein des systèmes distribués ;
- les **bases de données orientées graphes** (*graph databases*) facilitent la visualisation des données et des analyses par des graphiques ;
- les **moteurs de recherche** facilitent la recherche au sein d'un volume important de données.

Traitement

Comme nous l'avons décrit, la beauté du Big Data réside dans le nombre d'applications qui découlent du traitement des données. Le processus approprié de traitement des données sera sélectionné selon le type d'application :

- **traitement par lots** (*batch processing*) : traitement de géants blocs de données, qui ont été stockés précédemment, en une seule fois. C'est généralement un processus séquentiel qui peut demander beaucoup de temps. Il est utile pour les environnements *offlines* et est suffisamment flexible pour analyser les données au moment approprié. Si, par exemple, votre entreprise stocke les données transactionnelles par périodes d'une semaine, vous pourrez démarrer un processus le week-end pour disposer d'un rapport incluant des résultats exploitables. Le tout demande plus de trente minutes et fournit des données de l'ordre des gigabytes ;

- **traitement par flux** (*stream processing*) : traitement continu de blocs de taille limitée qui circulent dans le système. Ce processus peut être utile pour les événements récurrents qui doivent être détectés et gérés rapidement, tels que la détection de fraudes, la cybersécurité et les applications analytiques. Par exemple, dans le cas où votre entreprise souhaite traiter des données en temps réel et au fur et à mesure de leur entrée dans le système, en détectant rapidement les problèmes : le système lit tous les tweets entrants, applique des algorithmes de NLP et l'analyse de ressenti pour détecter ceux qui mentionnent une entreprise positivement. Le volume de données entrantes est réduit et il est traité en quelques millisecondes : votre tâche est donc de déterminer quel traitement conviendra le mieux à votre application.

SÉCURITÉ

Le monde est un endroit dangereux. De nombreux périls guettent. La guerre entre le bien et le mal existe, et il vous faut choisir votre camp. Veillez à ne pas verser dans la naïveté lorsqu'il est question de sécurité : il faut partir du principe qu'il existe des gens malveillants qui n'attendent qu'une erreur de votre part pour en tirer parti, à vos dépens. Il arrive que l'on prenne la sécurité pour acquise et que l'on soit hacké.

Personne ne vous enseignera la sécurité mieux que la vie : tentons donc d'être proactifs et prêts en cas d'urgence. Alors... comment apprendre la sécurité, si seule la vie nous l'enseigne ?

Sécuriser votre système commence par de bonnes pratiques et prend fin lorsque vous intégrez la sécurité comme une couche supplémentaire de votre processus de conception logicielle. Comme nous l'avons largement décrit, l'entraînement forme les compétences et, dans ce cas précis, il vous faut devenir un hacker. Absolument : un hacker !

Le texte suivant a été rédigé à la suite de mon arrestation[3].

La Conscience du Hacker

8 janvier 1986

Un autre s'est fait prendre aujourd'hui, c'est dans tous les journaux : « Un adolescent arrêté dans une affaire de fraude informatique », « Un hacker arrêté pour avoir infiltré une banque »... Foutus jeunes, tous les mêmes.

Mais avez-vous jamais, dans votre costume trois-pièces et vos principes technologiques des années 1950, pris la peine de regarder le monde avec les yeux d'un hacker ? Vous êtes-vous jamais demandé ce qui le fait vibrer, les forces qui l'animent, ce qui l'a façonné ?

3. La version originale de ce texte est disponible en ligne : www.phrack.org/issues/7/3.html.

Je suis un hacker. Bienvenue dans mon monde...

Mon monde prend naissance à l'école, où je suis plus intelligent que la plupart des élèves, et où ce qu'on m'enseigne m'ennuie à mourir...

Foutus cancres, tous les mêmes.

Je suis en fin de collège ou au lycée. C'est la quinzième fois qu'un prof explique comment on réduit une fraction, j'ai compris.

« Non, Mme Martin, je n'ai pas rédigé mon devoir : je l'ai fait mentalement. »

Foutu gamin. Il a probablement triché. Tous les mêmes.

J'ai fait une découverte aujourd'hui. J'ai trouvé un ordinateur. Hé, mais c'est cool, ce truc. Il fait exactement ce que je veux qu'il fasse. Si ça bug, c'est parce que j'ai fait une erreur, pas parce qu'il ne m'aime pas...

Ou parce qu'il se sent menacé...

Ou parce qu'il pense que je fais le malin...

Ou parce qu'il n'aime pas enseigner et n'a rien à faire là...

Foutu gamin. Tout ce qu'il fait, c'est jouer. Tous les mêmes.

C'est comme ça que ça s'est produit : une porte ouverte sur un monde... par une ligne téléphonique, comme de l'héroïne dans les veines d'un drogué, une impulsion électrique part, un refuge de la médiocrité quotidienne, comme une planche de salut.

« Voilà, c'est chez moi, ici... Je connais tout le monde... Bien que je n'aie jamais rencontré ou parlé avec aucun d'entre eux, entendu parler d'eux, je les connais tous... »

Foutu gamin. Il bloque encore la ligne téléphonique. Tous les mêmes.

Un peu qu'on est tous les mêmes... On nous sert de la bouillie pour bébé à l'école alors qu'on veut des steaks... Les petits morceaux de viande que vous laissez passer dans la purée sont minuscules, prémâchés, sans saveur. On est dominés par des sadiques ou ignorés. Le dernier qui avait quelque chose de valable à nous enseigner nous a trouvés volontaires, mais des comme lui, il y en a autant que de gouttes d'eau dans le désert.

C'est notre monde maintenant, le monde de l'électron et de l'interrupteur, la beauté du baud. On se sert d'un service qui existe déjà, sans payer pour ce qui devrait valoir des clous si ça n'était pas géré par des spéculateurs gloutons, et c'est nous que vous traitez de criminels. On explore... et vous nous traitez de criminels. On est à la recherche de la connaissance... et vous nous traitez de criminels. On existe au-delà de la couleur de peau, de la nationalité, des religions... et vous nous traitez de criminels. Vous construisez des bombes atomiques, vous déclarez des guerres, vous tuez, vous trichez, vous nous mentez en tentant de nous faire croire que c'est pour notre bien, et c'est nous, les criminels.

> Alors oui, je suis un délinquant. J'ai commis le délit de curiosité. J'ai commis le délit de juger les gens sur ce qu'ils disent et pensent, pas sur la base de ce à quoi ils ressemblent. J'ai commis le délit d'être plus intelligent que vous, et c'est ce que vous ne me pardonnerez jamais.
>
> Je suis un hacker et ceci est mon manifeste. Vous pouvez en arrêter un, mais vous ne nous arrêterez pas... parce qu'après tout, on est tous les mêmes.
>
> +++Le Mentor+++

Vulnérabilités logicielles

Il existe une grande variété de vulnérabilités à prévenir, en matière de code.

Des vulnérabilités liées à la mémoire :

- ***buffer overflow*** (dépassement de mémoire tampon) : lorsqu'un processus tente d'écrire plus de données au sein d'un bloc de mémoire de taille fixe que ce que le tampon peut contenir. Les données supplémentaires peuvent alors écraser d'autres données dans les adresses mémoires adjacentes, et permettre à l'attaquant de contrôler ou planter le processus, ou d'altérer ses variables internes ;
- ***dangling pointers*** (pointeurs sautillants) : lorsque les pointeurs d'une localisation ont été libérés. Le système peut alors redistribuer les mémoires précédemment libérées et générer un comportement imprévisible, puisque la mémoire contient désormais des données entièrement différentes.

Des vulnérabilités liées aux données entrantes :

- ***uncontrolled format strings*** (chaînes de formats sans contrôle) : lorsque les chaînes de données entrantes d'un utilisateur n'ont pas été vérifiées correctement et peuvent mener à des influx pouvant exécuter des codes malveillants ;
- **injection de code** : lorsqu'un utilisateur malintentionné exploite une voie entrante pour stocker des informations malveillantes dans le programme ou la base de données, et qui affecteront le comportement du système ;
- **injection d'e-mail** : lorsqu'un utilisateur malintentionné utilise le format MIME pour ajouter des informations supplémentaires au message dans le but d'envoyer un grand nombre de messages de façon anonyme ;
- **injection SQL** : lorsqu'un utilisateur malintentionné exploite une voie entrante pour exécuter une requête SQL et extraire de l'information de la base de données ;
- **injection de *headers* HTTP** : lorsque les *headers* (en-têtes) HTTP sont générés automatiquement sur la base de l'entrée utilisateur.

Des vulnérabilités liées aux applications web :

- ***Cross-Site Scripting* (XSS)** : injection de scripts clients sur des pages web visibles par les autres utilisateurs ;
- ***Cross-Site Request Forgery* (XSRF)** : le but est ici d'amener une victime innocente à soumettre sans qu'elle le sache une requête web malveillante à un site auquel elle a un accès privilégié.

Et tout ceci n'est que la partie visible de l'iceberg.

La checklist de sécurité logicielle

La sécurité consiste uniquement à maintenir la confidentialité, l'intégrité et la disponibilité des données. Nous autres développeurs avons tendance à suivre les exigences fonctionnelles et cas d'usage, et à oublier les exigences non fonctionnelles. Une exigence non fonctionnelle telle que la sécurité est implicite dans tout développement, mais il est difficile de trouver une définition unique et détaillée des étapes à suivre pour l'implémenter. Il est donc important pour vous et votre travail de créer un guide des exigences de sécurité, que vous pourrez appliquer à n'importe quel projet ou cas d'usage. Autrement dit, vous avez tout intérêt à créer une checklist qui vous facilite la vie. En prenant l'exemple le plus courant du développement web, la validation des entrées, vous pourriez créer votre liste comme suit :

- valider les entrées ;
- valider toutes les données côté serveur ;
- identifier toutes les sources de données ;
- valider toutes les données des sources inconnues ou non fiables ;
- centraliser le processus de validation des entrées ;
- déterminer le *charset* (jeu de caractères, code), UTF-8 pour toutes les entrées ;
- coder les données avec le *charset* commun avant validation ;
- vérifier qu'une erreur de validation rejette les données ;
- valider les données clients des formulaires ;
- valider les données clients depuis les paramètres URL ;
- valider les données clients depuis le contenu des *headers* HTTP ;
- vérifier que le *header* ne contient que des caractères ASCII ;
- valider l'éventail des données (*data range*) ;

- valider la longueur des données (*data length*) ;
- valider le type de données (*data type*) ;
- vérifier toutes les entrées selon la liste des caractères autorisés.

Maintenant, créez des listes similaires et partagez-les avec votre équipe ; vous pourrez les améliorer ou en créer de nouvelles ensemble.

Piratage psychologique

Aussi évident que cela puisse paraître, souvenons-nous que nous sommes humains et qu'il arrive que nous nous laissions aller à la compromission de données. L'un de vos collègues affiche-t-il son mot de passe et son identifiant sur un post-it ? Vos mots de passe sont-ils tous partagés sur un réseau ? Envoyez-vous des données sensibles par e-mail ? Ajoutez-vous vos clés API et vos variables dans vos documents ? Il est peut-être temps que vous pensiez plus sérieusement à la façon d'affiner vos règles de sécurité.

Les hackers peuvent tirer profit de règles de sécurité insuffisantes de plusieurs façons :

- **phishing** : e-mail dont l'expéditeur apparaît comme légitime et officiel, et contenant un lien vers une page web frauduleuse sur laquelle on prétend faire une vérification d'information, comme l'identité, le mot de passe, le numéro de carte de crédit, etc. ;
- **vishing** ou phishing vocal : même procédé, mais avec un démarchage par téléphone ;

- **smishing** ou SMS phishing : SMS contenant un lien malveillant ;
- **imitation** : le hacker prétend être quelqu'un d'autre pour accéder à une information confidentielle.

Un exemple : Kane Gamble, un adolescent de 15 ans, a utilisé le piratage psychologique (ou *social engineering*, en anglais) pour accéder aux comptes e-mail du directeur de la CIA et du directeur de la Sécurité intérieure, ce qui lui a donné accès à des documents militaires classés secret-défense relatifs à l'Iraq et à l'Afghanistan. Il a utilisé le vishing pour obtenir de l'entreprise de télécommunication Verizon des informations à propos du directeur de la CIA et, avec ces informations, il a appelé AOL en se faisant passer pour ce même directeur et a pu modifier des questions de sécurité, ce qui lui a donné accès à de nombreux comptes.

Je vous encourage donc à renforcer vos stratégies de sécurité.

LEADERSHIP

Comme le dit un proverbe africain bien connu :

> *« Si tu veux aller vite, marche seul, mais si tu veux aller loin, marchons ensemble. »*

Alors, comment être un grand leader et faire en sorte que vos équipes travaillent ensemble ?

Parfois, notre métier d'ingénieurs en code nous isole dans nos individualités et affaiblit nos compétences sociales, rendant nos qualités de leadership plus difficiles à accroître. Il est essentiel d'inverser cette situation, dans la mesure où votre carrière vous mènera à être responsable de vous-même, mais aussi de vos équipes.

Le leadership se définit par la capacité à guider des équipes vers l'accomplissement des buts de l'entreprise. Vous aurez donc besoin d'un mélange de savoir-faire, d'expérience et d'assurance pour devenir un leader dans l'entreprise.

Le savoir-faire s'acquiert, l'expérience vient des erreurs dont on apprend, et l'assurance fait partie de la personnalité et vient avec un peu d'entraînement. En progressant en tant que leader, vous améliorerez votre capacité à travailler efficacement avec autrui et vous participerez à une culture d'entreprise positive. Le leadership est en partie l'expression de votre personnalité, c'est pourquoi nous pouvons dire que son développement est un processus d'externalisation, partant du leader vers autrui pour l'enrichir. Globalement, vous devez être un être humain positif pour autrui et toujours à la recherche d'intégrité, d'honnêteté, de sollicitude et d'épanouissement. En cultivant vos compétences en tant que leader, vous permettrez aux membres de votre équipe d'accroître leur épanouissement par leur leadership stratégique propre. Dans la mesure où votre équipe et vous-même progresserez ensemble, vous aiderez d'autres individus à devenir leaders au sein de l'entreprise.

Connais-toi toi-même

Dans la mesure où le leadership fait partie de nous-mêmes, nous devons savoir et comprendre qui nous sommes, en tant qu'individus. Il existe sept façons identifiées d'explorer ce terrain intime :

- **faire notre introspection** : regarder en nous, comprendre et analyser nos propres états émotionnels et cognitifs, identifier ce qui nous importe. Ces informations permettent de faire correspondre nos activités avec nos préférences ;
- **trouver du sens** : tenter d'identifier les idées ou projets qui nous intéressent et nous exaltent, et trouver l'enthousiasme dans le fait de faire progresser nos équipes. Aider autrui par cette attitude positive l'aide à se sentir à l'aise et motivé ;
- **accueillir le changement** : tenter de libérer notre esprit des idées préconçues pour explorer de nouvelles voies créatives, parce que les grandes idées viennent des grands risques ;
- **cultiver nos relations interpersonnelles** : tenter d'améliorer nos compétences relationnelles et pratiquer une communication efficace. Cette conjugaison nous aidera à créer un environnement de travail positif ;
- **trouver la paix** : tenter de trouver notre espace de paix et de silence pour comprendre nos ressorts intimes. Cela vous aidera à définir nos valeurs spirituelles ;
- **équilibre de vie** : tenter de différencier ce qui est important de ce qui ne l'est pas et accroître les temps pour nous, notre famille et nos amis. Cet équilibre sera une source d'énergie infinie ;

- **projeter des ondes positives** : tenter d'être authentique pour faire naître chez autrui le désir de passer plus de temps avec nous et d'atteindre nos objectifs communs.

Valoriser votre équipe

Si vous tenez à la réussite de votre équipe, il vous faut la guider sur un chemin de croissance dans lequel chaque individu se sent impliqué et motivé à atteindre des objectifs communs. En tant que leader, vous pouvez influencer votre équipe de différentes façons, dont voici quelques exemples :

- **valoriser votre équipe** : distribuer les responsabilités et noter les résultats des membres de votre équipe lorsqu'ils prennent des risques fera progresser l'intelligence collective de cette dernière, son adaptabilité et sa résilience ;
- **être transparent** : fournir une information pertinente à votre équipe de façon à ce qu'elle dispose de toutes les données nécessaires lors de ses prises de décision lui permettra de réagir rapidement lorsqu'un changement (inévitable) se produira ;
- **tester des idées** : créer un environnement propice à la présentation de nouvelles idées à tester créera de la valeur ajoutée, et fera de votre équipe une partie intégrante du processus créatif ;
- **accepter que l'échec soit source d'apprentissage** : apprenez de vos erreurs et mesurez leur impact avant toute prise de risque. Si vous n'échouez pas, c'est que vous ne prenez pas assez de risques ;

- **identifier les leaders potentiels** : identifiez les membres de l'équipe potentiellement leaders et encouragez-les à rencontrer et travailler avec d'autres salariés de l'entreprise ;
- **apprendre par l'expérience** : rassembler l'équipe pour créer une solution développée entièrement en réponse à un problème générera un esprit de collaboration collective ;
- **prendre le recrutement au sérieux** : prenez le temps trouver les candidats appropriés pour votre équipe ;
- **créer un environnement de travail sans stress** : générer un environnement de travail honnête et authentique permettra à l'équipe de partager ses motivations et compétences ;
- **prendre en compte la double boucle d'apprentissage** : analysez pourquoi et comment votre équipe et vous-même avez pris une décision face à un problème ;
- **permettre à autrui d'être expert** : admettez que vous n'avez pas toutes les réponses et encouragez de nouvelles façons de penser, demandez explicitement conseil.

Apprendre de vos erreurs

> *« L'être humain est le seul animal qui trébuche deux fois sur la même pierre. »*

Proverbe espagnol

Les erreurs sont inévitables, il est donc indispensable de disposer de stratégies à même de nous aider à les surmonter.

Il n'est pas intelligent de trébucher deux fois sur la même pierre… c'est la raison pour laquelle dépasser nos erreurs est vital, puisqu'elles nous affectent émotionnellement, réduisent notre confiance en nous et notre affirmation, augmentent notre propension à la procrastination et au perfectionnisme : nous avons peur de commettre d'autres erreurs. Dans certains cas, nous sommes en colère, stressés, inquiets, apeurés et frustrés. Dans la mesure où nous sommes responsables de nos erreurs et de celles de notre équipe, disposer d'une stratégie pour les gérer est indispensable. Voici quelques pistes :

- **Reconnaître ses erreurs** : admettez que vous avez commis une erreur et assumez la responsabilité pleine et entière de sa réparation. Une erreur est une opportunité d'apprentissage.
- **Les erreurs font partie de la vie** : comprenez que le succès résulte de la répétition d'erreurs. Personne n'est parfait, et tout le monde se trompe.
- **Les erreurs sont des opportunités** : positivez et faites de vos erreurs des opportunités de réévaluer le chemin que vous empruntez pour atteindre vos objectifs.
- **Ne pas se chercher d'excuses** : endossez vos erreurs et évitez de trouver des excuses et justifications. Il faut apprendre pour progresser.
- **Apprendre de ses erreurs** : tirez un enseignement de la situation de façon à améliorer vos choix, décisions et actions futures.

Une fois l'erreur faite, vous pouvez l'envisager comme une opportunité d'apprentissage. Que s'est-il passé, qu'est-ce qui n'a pas fonctionné ? Comment auriez-vous pu éviter cette situation ? Il vous faut comprendre, profondément, ce que vous pouvez apprendre à cette occasion, et ce qu'elle a changé pour vous. Vous pourrez alors concevoir un plan d'action qui détaille ce que vous devez faire, quelles autres approches vous pourriez avoir et la façon dont vous éviterez de reproduire cette erreur. Enfin, posez-vous la question des compétences que vous devrez avoir acquises lorsque la situation se présentera à nouveau.

Une communication efficace

En devenant leader, vous aurez de plus en plus d'interlocuteurs : réunions avec votre équipe ou avec d'autres départements, échanges avec d'autres entreprises ou avec des clients et, peut-être, prises de parole publiques et présentations techniques. Si c'est le cas, votre charisme devra prendre la forme de l'assurance, de l'optimisme et de la persuasion.

Il arrive que ces réunions soient informelles et faiblement pertinentes mais, la plupart du temps, il sera préférable de vous préparer à un combat : chaque acte de communication est un genre de danse entre votre public et vous. Plus vous y serez entraîné, mieux vous danserez. La communication verbale revêt la même importance que la communication non verbale. Chacun d'entre nous s'entend parler, mais avez-vous déjà pensé à votre posture ? Exprimez-vous de l'assurance ? Puis-je vous faire confiance lorsque je vous vois ? Aurai-je envie de danser avec vous ?

Une communication efficace n'est pas inatteignable lorsque vous maîtrisez ce principe de savoir-être : pratiquez l'écoute active, de façon à faire partie intégrante du processus de communication. Faites en sorte que votre interlocuteur se sente compris dans son propos. Vous pouvez répéter ou reformuler, interrompre pour clarifier ou résumer ce qui vous est dit. Alternativement, vous pouvez poser des questions sur les points de la conversation qui vous échappent, afin de bâtir de la confiance. Vous pouvez enfin soutenir le propos et faire des suggestions.

Lorsque vous menez les choses, il est important que vous vous exprimiez de façon audible et claire. Il est évident que le mensonge ne fait que détruire la crédibilité... ne mentez pas ! Tentez de vous détendre et imaginez que vous parlez avec un ami, tout en conservant un ton professionnel.

Je vous invite à vous entraîner sur ces points : ils sont source d'avancement dans votre carrière.

TROUVER L'ÉQUILIBRE

Au cours de notre existence de développeurs, nous traversons plusieurs états d'esprits et sentiments : parfois, nous nous sentons invincibles et, à d'autres moments, nous avons la sensation de toucher le fond. J'ai voulu présenter les quatre éléments comme des symboles de la part d'évolution intrinsèque à notre progression professionnelle : être en mesure de comprendre et d'exprimer nos sentiments et besoins à chacun de ces stades peut nous permettre de réaliser ce qui nous est important. Que ce soit dans notre vie personnelle ou professionnelle, l'équilibre est un des fondements majeurs d'un chemin serein et plaisant. Il est primordial d'aimer notre métier !

Un des cadeaux les plus importants de cette profession est la liberté : la liberté de choisir, de décider, la liberté dans la résolution de problèmes et dans la conception des systèmes. Avec la liberté vient la passion : la passion pour ce que nous créons. Le travail cesse alors d'être une obligation.

Dans n'importe quel métier, nous aimons faire certaines choses plutôt que d'autres. Ce que nous devons absolument éviter, c'est le piège de la routine et la perte de la passion. Pour trouver l'équilibre professionnel, certains principes doivent être respectés. Le premier d'entre eux est la **santé** : je ne devrais pas avoir à le dire, mais vous devez dormir correctement, faire de l'exercice et manger sainement. Ce sont des bases évidentes pour n'importe qui. Nous autres développeurs avons tendance à nous contenter d'un sommeil médiocre et à manger n'importe quoi dans des situations de stress ; pourtant, nous sommes plus disciplinés et productifs lorsque nous ne cédons pas à ces démons, et notre concentration en est largement améliorée. Avec la concentration vient l'attention pleine et entière à ce que nous faisons, et une évaluation juste des tâches que nous avons à compléter et de nos préférences les concernant. La **planification** et l'anticipation sont précieuses pour éviter une surcharge de travail et de tâches déplaisantes.

Une fois que vous avez obtenu l'équilibre dans votre vie, vous pourrez l'obtenir dans votre carrière de développeur. Il y a deux choses que je considère comme essentielles pour trouver l'équilibre. La première est votre niveau de **tolérance à la douleur** : plus vous échouez, plus vous encaissez de coups, plus vous êtes stressé, plus vous acquérez de tolérance à la douleur. Pour moi, la tolérance à la douleur est la capacité à poursuivre dans l'adversité. Votre code n'est pas assez bon ? Refactorisez-le. Le problème semble insoluble ? N'abandonnez pas. Vous n'avez pu dormir que quatre heures, parce que vous avez travaillé toute la nuit ? Ne bâclez pas pour autant ce que vous faites aujourd'hui.

La seconde est d'avoir une **attitude positive** : c'est un choix rationnel quand on jette un œil au monde. Toutes vos énergies sont alignées avec la façon d'être au monde que vous choisissez d'adopter. Une attitude positive réduira le nombre d'occasions auxquelles vous aurez besoin d'utiliser votre tolérance à la douleur : vous faites de la négativité subjective une positivité. Je comprends l'attitude positive comme la capacité à voir une opportunité là ou d'autres voient un problème. Votre code n'est pas assez bon ? Voyez-y une opportunité d'améliorer sa qualité. Le problème semble insoluble ? Tentez d'autres approches. Vous n'avez pu dormir que quatre heures, parce que vous avez travaillé toute la nuit ? Vous allez pouvoir demander une prime.

Regardons maintenant comment les éléments fonctionnent les uns avec les autres, et comment les équilibrer.

TERRE

Les développeurs Terre amassent de vastes volumes de concepts théoriques qui les rendent très fertiles et solides lorsqu'il faut trouver une solution. Cette fertilité pourra parfois les pousser à être prudents à l'excès et à passer trop de temps à trouver une solution optimale au problème posé. Ils sont capables de trouver une grande variété de solutions, mais ils manquent de pratique dans leur implémentation pragmatique. Dans la mesure où ils ont des bases solides, ils sont déterminés à trouver des solutions robustes et hésiteront quant à la variante à appliquer. Ce manque de pratique et cette insécurité mèneront les autres développeurs à les considérer comme étant lents. Contrairement aux développeurs Feu, ils ne sont ni rapides ni impulsifs.

Si vous êtes élément Terre, il vous faut faire abstraction de ce que les autres développeurs disent de vous : vous êtes sur le chemin de la maîtrise du premier élément, et maîtriser la Terre de façon solide vous garantira un pied dans la course. Il ne vous restera qu'à poser l'autre.

Alors, comment un développeur Terre peut-il trouver l'équilibre et la progression ? Comme on dit : on juge un arbre par la qualité de ses fruits ! Vous devez donc prendre en considération à la fois votre perception intime et externe de vous-même.

En tant que développeur Terre, vous serez à l'aise avec le processus de l'élément Air, et vous serez réticent à apprendre le processus de l'élément Feu. L'élément Terre est fertile, alors que l'élément Feu brûlera tous vos apprentissages et concepts théoriques, et fera naître de ces cendres de nouvelles compréhensions de la programmation logicielle. Vous vous entraînerez, appliquerez vos fondamentaux et gagnerez en compréhension profonde de concepts inhérents à vos savoirs : étudier et comprendre sont deux choses bien distinctes.

FEU

Les développeurs Feu survivent à n'importe quelles circonstances : ils ont mené toutes sortes de guerres, et leurs cicatrices démontrent leur invincibilité. Ils préféreront toujours ce mode d'action à la planification et appliqueront toujours une solution éprouvée. Mais est-ce toujours la meilleure solution ? Les développeurs Feu devraient comprendre que la puissance est inefficace sans le contrôle.

Être dominant en Feu peut être dangereux, aussi bien pour vous que pour votre équipe : personne n'a envie d'être découragé ni de finir en burn out. Je ne dis pas que le Feu est un élément néfaste, je dis que vous devez le contrôler et l'utiliser lorsque c'est nécessaire, par exemple lorsqu'il est question d'innovation et de créativité.

Alors, comment un développeur Feu peut-il trouver l'équilibre et la progression ? Trois choses peuvent être utiles dans ce cas de figure :

- ne vous faites pas excessivement confiance : le moment où vous vous détendrez et penserez que tout est sous contrôle sera le moment auquel vous serez vulnérable ;
- obligez-vous à planifier : prenez un moment pour réfléchir avant de coder, ça ne pourra pas vous faire de mal ;
- minimisez l'impact de votre code : évaluez l'impact de vos modifications et tentez d'itérer, partagez vos modifications avec vos collègues de façon à recueillir leurs avis.

Calmez-vous, développeur enflammé ! L'Eau vous aidera à calmer les ardeurs du Feu. Vous apprendrez à mettre en place les pratiques appropriées et vous améliorerez la qualité de votre code.

AIR

Les développeurs Air sont expérimentés et apprécient de tenir un rôle stratégique, dans lequel ils peuvent avoir une vue d'ensemble. Ils comprennent les interactions entre le tout et les parties. Leur responsabilité est grande dans la mesure où leurs choix ont des conséquences sur le développement global du système. Dans certains cas, ces décisions peuvent impliquer un développement de six mois, voire plus. Puisque tout, pour eux, est lié à la planification, ils ne se frottent que peu au code, du moins pas autant qu'ils le voudraient. Ils structurent l'équipe autour des fondations de la solution à implémenter et dictent la marche à suivre.

Les développeurs Air peuvent apporter de la clarté au reste de l'équipe, de façon à ce qu'elle puisse suivre le courant.

Alors, comment un développeur Air peut-il trouver l'équilibre et la progression ? Deux bonnes pratiques à maintenir pour ce genre de développeur sont la programmation en binôme (*pair programming*) et la vérification de *pull request* au moins une fois par semaine, de façon à être à nouveau face au code, ce qui permet de revenir à la réalité de la progression du développement et aide à améliorer l'estimation globale du temps de travail. Par ailleurs, dans le management d'équipe, l'humilité est une donnée importante. Dans le cas du développeur Air, l'élément Eau aidera à l'amélioration des compétences en leadership et à l'extension de la vision du design, en augmentant les pratiques autour des données, de la sécurité et des tests.

EAU

Les développeurs Eau sont expérimentés et se concentrent sur les bonnes pratiques, méthodologies et exigences non fonctionnelles. Ils comprennent que certains concepts doivent faire partie de tous les logiciels, de façon à pouvoir être considérés comme prêts pour la production. Les développeurs Eau apportent de la friction au système, de façon à exploiter tous les points faibles pouvant être améliorés. Ils définissent les standards pour que le reste de l'équipe puisse construire un code performant, maintenable et extensible. Les développeurs Eau ne sont pas seulement impliqués dans le code produit, mais aussi dans le script qui construit l'automatisation.

Alors, comment les développeurs Eau peuvent-ils trouver l'équilibre et la progression ?

À vrai dire, ce sont d'excellents développeurs qui disposent d'une grande expérience. Il est probable que des compétences en savoir-être les aident à trouver l'équilibre. Ils passent trop de temps à s'inquiéter des serveurs, des machines, des environnements et des journaux de *logs*, et en oublient qu'ils travaillent au sein d'une équipe qui développe un produit ou un service. Ils gagneraient donc à revenir au contact de la part humaine du code, tout comme à être au contact des utilisateurs finaux du système. Travailler avec d'autres profils sur l'organisation serait pour eux une bonne opportunité de trouver des processus internes, répétés indéfiniment : les développeurs Eau excellent dans l'automatisation des procédures.

TERRE & FEU

Les développeurs à la fois Terre et Feu se définissent par d'excellentes bases théoriques et une solide expérience du code. Ils codent parfaitement des solutions optimales de façon agile. Ils ont probablement deux ans d'expérience professionnelle après une bonne formation universitaire. Ils pensent désormais que tout est sous contrôle et qu'ils peuvent accomplir leurs tâches, qu'ils peuvent maintenant prendre des responsabilités dans les projets. Ils souhaitent être en mesure de gérer les tâches, et même de déployer en production.

Pour trouver l'équilibre, ils devraient se demander s'ils appliquent les bonnes pratiques en termes de sécurité et de tests. Nous autres développeurs cherchons le plaisir, mais pas l'ennui. Une des stratégies gagnantes consiste à poursuivre la découverte de l'élément Eau, qui rendra la Terre fertile et contiendra le Feu.

TERRE & AIR

Les développeurs à la fois Terre et Air ont d'excellentes bases théoriques et une excellente vision systémique. Ils sont performants dans la planification et la conception des systèmes, architectures et solutions. Ils sont passés de leurs études à un emploi demandant beaucoup de planification et de conception, mais assez peu de code. Ils ont la sensation d'occuper une fonction à responsabilité, d'être méthodiques et organisés. Mais ils rêvent parfois de coder, plutôt que d'utiliser leurs capacités de conception en permanence. À l'évidence, ils sont comme des lions en cage, ils ont envie d'aller à la chasse. Le Feu leur fournira la pratique du code et l'Air propagera le Feu sur la Terre.

TERRE & EAU

Les développeurs à la fois Terre et Eau ont d'excellentes bases théoriques et les meilleures pratiques en termes d'exigences non fonctionnelles. Ils maîtrisent l'établissement de bonnes pratiques en termes de sécurité, d'intégrité des données et de tests. Ils peuvent avoir complété leur formation universitaire et travailler en *back-end* ou dans des fonctions DevOps. Ils sont confiants quant à leurs compétences et connaissent bien les tâches et serveurs *back-end*. D'un autre côté, ils gagneraient à comprendre comment la partie exposée aux clients fonctionne. Le fait de coder un peu de *front-end* et d'être en contact avec les utilisateurs finaux sera peut-être positif pour eux. L'élément Feu sera une bonne approche d'apprentissage les concernant.

FEU & AIR

Les développeurs à la fois Feu et Air détiennent une solide expérience de la pratique du code et une excellente vision systémique. Ils savent parfaitement suivre les spécifications de façon agile. Leur expérience pratique étendue a été forgée par des projets de petite et moyenne taille, ce qui leur a donné une énorme confiance en eux et beaucoup d'autonomie. Ils peuvent avoir la sensation de bâtir des solutions toujours identiques, et ils pourraient probablement bénéficier de l'équilibre de la Terre pour acquérir de nouveaux fondamentaux et approches qui étendraient leur créativité de développement.

FEU & EAU

Les développeurs à la fois Feu et Eau disposent d'une solide expérience du code et des meilleures pratiques en termes d'exigences non fonctionnelles. Ils sont performants pour l'implémentation de nouvelles fonctionnalités et n'oublient pas de s'assurer de la mise en place de bonnes pratiques en termes de sécurité, d'intégrité des données et des tests. Ils peuvent être autodidactes, avec un excellent niveau *back-end* ou DevOps. Ils sont excellents dans l'installation et la configuration d'outils et librairies qui sont d'une grande aide aux autres développeurs. Peut-être aimeraient-ils créer leurs propres outils. L'élément Terre les aidera à consolider leurs connaissances et à poursuivre leur progression de carrière.

AIR & EAU

Les développeurs à la fois Air et Eau disposent d'une excellente vision systémique et des meilleures pratiques en termes d'exigences non fonctionnelles. Ils sont performants pour planifier et concevoir des systèmes sécurisés et extensibles, et prennent aussi en charge la gestion du DevOps, de l'automatisation et du développement en production. Ils apportent de l'aide et de la clarté à l'équipe et se sentent responsables. Ils rédigent la documentation et doivent disposer de bonnes compétences en communication pour transmettre tous leurs savoirs. Il leur arrive de regretter le code : l'élément Feu les aidera à y revenir de façon performante.

TERRE, FEU & AIR

Les développeurs Terre, Feu et Air disposent d'une excellente base théorique, d'une pratique du code très solide et d'une grande vision systémique. Ils sont d'excellents planificateurs, concepteurs et codeurs de solutions optimales et agiles.

TERRE, FEU & EAU

Les développeurs Terre, Feu et Eau disposent d'une excellente base théorique, d'une solide expérience de la pratique du code et des meilleures pratiques en termes d'exigences non fonctionnelles. Ils sont performants pour coder des solutions optimales agiles tout en s'assurant de la mise en place de bonnes pratiques en termes de sécurité, d'intégrité des données et de tests.

TERRE, AIR & EAU

Les développeurs Terre, Air et Eau disposent d'une excellente base théorique et d'une grande vision systémique, ainsi que des meilleures pratiques quant aux exigences non fonctionnelles. Ils sont très performants pour la planification et la conception de systèmes, architectures et solutions en gardant à l'esprit les bonnes pratiques en termes de sécurité, d'intégrité des données et de tests.

FEU, AIR & EAU

Les développeurs Feu, Air et Eau disposent d'une pratique du code solide, d'une excellente vision systémique et des meilleures pratiques quant aux exigences non fonctionnelles. Ils suivent parfaitement les spécifications de façon agile, tout en appliquant les bonnes pratiques en termes de sécurité, d'intégrité des données et de tests.

TERRE, FEU, AIR & EAU

Les développeurs qui maîtrisent à la fois la Terre, le Feu, l'Air et l'Eau disposent d'une excellente base théorique, d'une pratique solide du code, d'une excellente vision systémique et respectent les bonnes pratiques et les exigences non fonctionnelles. Ils maîtrisent les quatre éléments et le monde digital leur appartient.

La Voie royale !

CONCLUSION

Merci d'avoir atteint cette page. Je suis fier de vous !

Il y a beaucoup de sujets dont je n'ai pas pu parler dans cet ouvrage. J'ai tenté d'introduire aussi peu de concepts de base que possible, de façon à apporter une vision d'ensemble de la profession.

Au cours de ma carrière, j'ai été en contact avec toutes sortes de développeurs, qui ont eu bien des parcours différents. Parfois, ces développeurs ou moi-même n'avions pas la moindre idée de ce qu'il était bon de faire pour progresser.

Lorsque l'on travaille au sein d'une entreprise, on applique les règles qui y sont dictées, mais il existe bien des approches et techniques, langages, applications. C'est la raison pour laquelle ce livre me semblait pertinent, pour apporter la lumière au bout du tunnel. Un livre qui donnerait de l'espoir à ceux qui se sentent perdus.

J'espère que vous en avez apprécié la lecture et que je n'ai pas été trop technique dans certains chapitres. Le voyage arrive à son terme, et je n'aimerais pas vous laisser sans quelques derniers conseils personnels qui, je pense, vous aideront dans tous les aspects de la vie. Le choix de les appliquer vous appartient, évidemment.

ÉCOUTEZ ATTENTIVEMENT

Je suis un type bavard, originaire d'un pays chaud où les gens aiment s'amuser. C'est la raison pour laquelle j'étais un junior très bruyant : il me fallait verbaliser mes idées avant de les mettre en pratique. J'étais un junior peu sûr de lui, et je parlais donc constamment... pour m'écouter parler, pour clarifier mes idées. Ce volume de bruit rendait l'écoute impossible : impossible de m'écouter, impossible d'écouter mes partenaires ou mes amis. Mais à un moment de ma carrière, j'ai réalisé que si je voulais progresser, je devais être ouvert et écouter autrui.

Faire un pas de côté, reconnaître ses faiblesses et être humble demande du courage. Pour écouter attentivement, vous devez mettre vos sentiments, vos croyances et vos préjugés de côté. Ce sont ceux qui ne résistent pas qui parviennent à vaincre les circonstances les plus difficiles. Laisser votre ego dehors vous permettra de faire face aux situations désagréables, et vous aurez la possibilité de forger votre opinion plus tard.

SUIVEZ VOTRE PASSION

Nous sommes les seuls responsables de nos vies. Le bonheur est au coin de la rue, et le choix de prendre le virage n'est du ressort de personne d'autre que nous. J'ai la conviction que nous avons toujours le choix, que personne ne peut nous ôter ce contrôle. Nous sommes faillibles, bien entendu, c'est une chose à respecter, mais tout reste la conséquence de nos choix. C'est la raison pour laquelle nous ne devrions jamais renoncer à notre passion. Si votre travail ne vous rend pas heureux, passez à l'action. La situation est inchangée ? Vous pouvez démissionner. Il n'y a aucune excuse, il s'agit de vous et de votre vie.

À une époque, j'étais au fond du trou, près du burn out, et je n'étais plus heureux de coder. J'ai tout simplement cessé de le faire, j'ai blâmé mes parents pour m'avoir obligé à étudier les sciences de l'informatique. Tout devenait négatif : les projets sur lesquels je travaillais étaient médiocres, les technologies que j'utilisais étaient nulles, la vie de développeur n'avait aucun sens. Ça arrive. Il m'a fallu du temps et de l'espace pour réaliser que j'adorais mon métier et que je devais simplement changer de niveau pour acquérir de nouvelles compétences, pour relever des défis plus grands, pour changer de technologie. J'ai commencé à apprendre de nouveaux langages de programmation, à utiliser de nouveaux *frameworks* et à travailler sur les projets sur lesquels je voulais me concentrer. Pas d'excuses. J'avais à nouveau le feu sacré.

Suivrez votre passion, quoi qu'il arrive !

DEVENEZ UN MENTOR

Je n'avais pas réalisé à quel point l'enseignement pouvait être gratifiant jusqu'à ce que j'explique à des professionnels du marketing comment fonctionne le HTML. Je me suis senti bien lorsqu'ils m'ont dit que mon explication était claire et qu'elle était le reflet de ma qualité en tant que professionnel. Certes, ça n'était que le HTML, rien de bien compliqué. Mais ça a été un moment de révélation.

Lorsque vous devenez senior, il devient évident que vous avez un impact sur le reste de l'équipe, particulièrement auprès des profils juniors. Ils cherchent un modèle, quelqu'un à qui s'identifier pour progresser. J'ai toujours du temps pour autrui, tant que c'est productif.

Vous pouvez devenir un mentor bien plus facilement que vous ne l'imaginez. Il n'est pas nécessaire d'être un expert intégral pour ça. Vous devez simplement trouver qui vous pouvez aider. Si vous êtes un développeur *front-end*, vous pouvez peut-être être le mentor d'un développeur *back-end*, et vice-versa. En devenant un mentor, vous réaliserez que vous pouvez trouver votre façon de partager avec d'autres en vous sentant valorisé.

NOUS SOMMES UNE TRIBU

Vous n'avez rien à prouver, vous n'êtes ni meilleur, ni plus mauvais qu'un autre développeur. Nous sommes ensemble, nous sommes une tribu et nous avons beaucoup de chance de l'être, mais c'est aussi un genre de malédiction, dans la mesure où personne, en dehors de notre monde, ne peut nous comprendre. Nous avons des hésitations et des doutes que nous ne pouvons pas partager avec ceux que nous aimons : telle est notre croix.

Mais nous sommes une tribu, nous sommes faits du même bois, nous pouvons repérer un autre développeur à des kilomètres à la ronde. Puisque nous sommes une tribu, nous devons partager nos savoirs, nous pouvons collaborer en *open source* et améliorer les technologies du monde.

Plus notre tribu comptera de membres, plus les savoirs seront partagés et diffusés. Construisons l'avenir, aidons d'autres à rejoindre notre tribu.

Merci.

GLOSSAIRE

A

Abstraction : technique pour organiser la complexité des systèmes informatiques.

Alerte : communication importante entre la machine et l'humain.

Algorithme : séquence d'instructions visant à résoudre un problème.

Anti-patron (*AntiPattern*) : patron inefficace et hautement improductif.

API : voir « Interface de programmation applicative ».

Architecte : développeur planifiant l'architecture d'un système.

Asynchrone : qui ne se produit ou ne se fait pas en même temps ou à la même vitesse.

B

Back-end : couche d'accès de données d'une partie du logiciel ou infrastructure physique ou matérielle.

Batch processing : voir « Traitement par lots ».

***Behavioural driven development* (BDD) :** (programmation pilotée par le comportement) : processus de développement logiciel agile encourageant la collaboration entre développeurs, ingénieurs QA et non-techniques, ou participants stratégiques pour un projet logiciel.

Bonne pratique : méthode ou technique considérée comme efficace.

Bottleneck (goulot d'étranglement) : phénomène dû à un composant d'un logiciel affectant sévèrement la performance de l'application, car trop de routines essaient d'accéder aux mêmes ressources simultanément.

Branche : version parallèle d'un dépôt ou référentiel.

Bug : problème causant la panne d'un logiciel ou le traitement de sorties de données invalides.

Burn out : épuisement physique, mental ou émotionnel persistant, causé par du stress à long terme.

Business process : ensemble de tâches menant à la livraison d'une valeur ajoutée à un client.

C

Cadre logiciel (*framework*) : ensemble de technologies servant de guide dans le développement d'un logiciel.

Cardinalité : fréquence à laquelle les valeurs existent dans les données.

Cas d'usage : liste d'actions définissant les interactions entre un rôle et un système afin d'accomplir un objectif.

Classe : description d'un objet.

Client : logiciel accédant à un service au sein d'un serveur.

Closure : voir « Fermeture ».

Cluster : groupe d'éléments librement couplés.

Codebase : ensemble de code utilisé pour la construction d'un système logiciel.

Code hérité (*legacy code*) : code source lié à un système dont la production ou l'entretien a cessé, ou à une autre technologie informatique.

Code propre (*clean code*) : code informatique non redondant comprenant des modules et fonctions centrées sur des tâches spécifiques, écrit d'une façon systématique qui le rend facilement modifiable et interprétable par autrui.

Code smell (mauvaises odeurs) : caractéristique dans le code source d'un programme indiquant un problème plus profond.

Compilation (*build*) : processus de conversion d'un code source en programme autonome capable de fonctionner sur un ordinateur.

Composant : élément logiciel réutilisable avec une spécification.

Composition : mécanisme de combination de fonctions simples pour en construire de plus complexes.

Computing time : voir « Temps d'opération ».

Correction (*hotfix*) : modification rapide en cours de production pour corriger un problème.

Courbe d'apprentissage : représentation graphique du fait que plus une personne effectue une tâche, meilleure elle devient dans son exécution.

Culture : pratiques communes à une équipe.

D

Découpler : réduire le degré d'interdépendance entre des modules logiciels.

Défaut : attribut fonctionnel d'un produit ou service indiquant son incapacité à remplir les spécifications désirées.

Dépendance : état dans lequel un objet utilise la fonction d'un autre objet.

Déploiement : activité rendant un logiciel disponible à l'emploi.

Diagramme : outil symbolique permettant de représenter des informations en utilisant des techniques de visualisation.

Dogme : croyance forte.

Données déstructurées : informations qui n'ont pas de données prédéfinies ou ne sont pas organisées d'une façon prédéfinie.

Données semi-structurées (*semi-structured data*) : données structurées n'obéissant pas aux modèles de données formellement structurées associés avec des bases de données relationnelles ou d'autres formes de bases de données.

Données structurées : modèle abstrait organisant les éléments de données et standardisant la façon dont ils se lient les uns aux autres et aux propriétés des entités réelles.

E

Environnement : système informatique dans lequel un logiciel est déployé et exécuté.

Espace auxiliaire (*auxiliary space*) : toute mémoire utilisable ne faisant pas partie de la mémoire système.

Expiration (*timeout*) : période d'exécution spécifique permise au sein d'un système.

Extensibilité (*scalability*) : capacité d'un système à gérer un volume croissant de travail par l'ajout de ressources.

F

Fermeture (*closure*) : technique d'implémentation ciblée sur le langage, incluant des fonctions de première classe.

Feuille de route (*roadmap*) : plan technique flexible visant à soutenir la planification stratégique et à long terme, en rapprochant les objectifs de long et court terme de solutions technologiques spécifiques.

Fiabilité : capacité d'un système ou d'un composant à produire les fonctions exigées pour un temps déterminé.

Fight or flight (le combat ou la fuite) : réaction psychologique en réponse à une menace engageant la survie.

Flexibilité : capacité à s'adapter au changement.

Fonction d'ordre supérieur (*higher order function*) : fonction prenant une ou plusieurs autres fonctions comme arguments et/ou retournant une fonction en fournissant un résultat.

Fonctionnalité (*feature*) : caractéristique distinctive d'un élément logiciel.

Framework : voir « Infrastructure logicielle ».

Freelance : personne travaillant dans le cadre d'un statut juridique indépendant et n'étant pas forcément engagée envers un employeur à long terme.

Friction : forces opposées introduites dans un système.

Front-end : couche de présentation d'un élément logiciel, partie du logiciel en contact avec l'utilisateur.

Fusion (*merge*) : action de combiner simultanément des dossiers modifiés au cours des révisions.

G

Généralisation : forme d'abstraction dans laquelle les propriétés communes d'instances spécifiques sont formulées en concepts ou déclarations générales.

Git : logiciel de suivi des modifications dans n'importe quel ensemble de fichiers, généralement utilisé pour coordonner le travail entre les programmeurs développant en collaboration le code source pendant le développement du logiciel.

H

Hiérarchie : organisation d'éléments (objets, noms, valeurs, catégories, etc.) dans laquelle les éléments sont représentés comme étant au-dessus, au-dessous, ou au même niveau qu'un autre.

Hotfix : voir « correction ».

Hypermédia : extension de l'hypertexte à des données multimédia (image, son, vidéo), permet à un serveur de fournir des informations de manière dynamique *via* des liens.

I

Immuabilité : propriété préservant l'état d'un objet de toute modification après sa création.

Implémentation : réalisation d'une application ou exécution d'un plan.

Incohérence : contradiction entre des représentations.

Indicateurs : mesure des propriétés d'un élément logiciel ou de ses spécifications.

Intégrité (des données) : maintien de l'exactitude et de la cohérence des données tout au long de leur cycle de vie.

Interface : lien commun entre les composants d'un système.

Interface de programmation applicative (API) : définition de la façon dont un système peut utiliser un autre système pour partager des informations.

J

***JavaScript Object Notation* (JSON)** : format d'échange de données utilisant un texte lisible pour stocker et transmettre des objets.

Journal (*log*): dossier informatique dans lequel des événements sont conservés.

K

***Key performance indicator* (KPI)** : mesure de la performance afin d'évaluer l'organisation d'une activité particulière.

L

Langage de modélisation unifié (UML) (*Unified Modeling Language*) : langage général de développement ; modèle de langage dans le domaine de l'ingénierie logicielle dont l'intention est de fournir une vision standard de la conception d'un système.

Layout : voir « Mise en pages ».

Lean start up : méthodologie de développement d'une entreprise ou de produits visant à réduire les cycles de développement de produit et à découvrir rapidement si un modèle proposé est viable.

Legacy code : voir « Code hérité ».

Lisibilité : facilité avec laquelle un lecteur peut comprendre un texte écrit.

Log : voir « Journal ».

M

Maintenabilité : facilité avec laquelle un produit peut être entretenu.

Manager : personne gérant une organisation, une équipe.

Maquette (*wireframe*) : guide visuel de base.

Marché : système dans lequel les parties s'engagent dans un échange de biens ou de services.

Meetup : service utilisé pour l'organisation de groupes en ligne en vue de rencontres en présentiel de personnes partageant des intérêts communs.

Meilleures pratiques : méthode ou technique admise comme étant supérieure à toute autre alternative.

Merge : voir « Fusion ».

Méthode essai-échec (*trial-error methodology*) : méthode basée sur la répétition jusqu'au succès.

Microservices : ensemble de services couplés indépendamment.

Minimum viable product **(MVP)** : version d'un produit contenant juste assez de fonctionnalités pour satisfaire les tout premiers clients et fournir un retour d'expérience pour le développement futur du produit.

Mise en pages : organisation visuelle des éléments d'une page.

Mise sur le marché (*release*) : sortie, distribution d'un logiciel.

Mock-up : modèle ou maquette de conception.

Modèle de base de données : structure logique d'une base de données déterminant la façon dont les données peuvent être stockées, organisées et manipulées.

Modularité : degré auquel les composants d'un système peuvent être séparés ou recombinés.

N

***Name binding* :** association d'entités (données ou code) avec identifiants.

Niveau pixel (*pixel level*) : niveau de détail maximum.

Nœud : point d'intersection.

NoSQL (*not only SQL*) : alternative à la base de données relationnelle traditionnelle dans laquelle les données sont placées dans des tables et le schéma de données est soigneusement conçu avant la construction de la base. Les bases de données NoSQL sont particulièrement utiles pour travailler avec de grands ensembles de données distribuées.

Notation grand O : notation mathématique décrivant le comportement limitant d'une fonction quand l'argument tend vers l'infini.

O

Objectif : résultat désiré qu'un groupe de personnes vise ou s'engage à atteindre.

Objet : mécanisme de langage pour désignerd es données liées aux méthodes les opérant.

Obsolète : chose qui n'est plus utilisée ou dont l'utilisation n'est plus considérée comme appropriée à l'époque actuelle.

Opération bloquante (*blocking operation*) : opération obligeant un processus à attendre qu'un événement se produise ou compétition entre une opération d'entrée et de sortie de données.

Opération non bloquante (*non-blocking operation*) : opération ne causant pas de processus d'attente d'un événement ni l'accomplissement d'une opération d'entrée et de sortie de données.

P

Parallélisme : méthode de calcul dans laquelle de nombreuses données ou processus d'exécution sont réalisés simultanément.

Patron créateur (*creational pattern*) : patron de conception gérant le mécanisme de création d'objets.

Patron d'architecture (*pattern*) : modèle sur lequel se base la structure fondamentale d'un système logiciel.

Patron de comportement (*behavioural pattern*) : patron de conception identifiant les schémas de communication communs à plusieurs objets.

Patron de conception (*design pattern*) : forme réutilisable d'une solution à un problème de conception.

Patron structurel : patron de conception facilitant cette dernière en identifiant une façon simple de mettre en place les relations entre entités.

Performance : volume de travail utile accompli par un système informatique.

Pivot : méthode de développement de projets ou de produits par changement de direction.

Prérequis : besoin physique ou fonctionnel spécifique et documenté pour une conception particulière, un produit ou un processus.

Programmation en binôme (*pair programming*) : technique dans laquelle deux développeurs travaillent ensemble sur un même ordinateur.

Protocole : moyen commun à plusieurs objets pour communiquer entre eux.

Prototype : échantillon, modèle ou version de produit anticipé afin de tester un concept ou un processus.

Q

Query : voir « Requête ».

R

Refactorisation : processus de restructuration d'un code informatique existant sans changer son comportement externe.

Réplique : reproduction exacte, duplicata.

Requête (*query*) : façon d'interroger une base de données pour en extraire l'information.

Requirement : voir « Prérequis ».

Réutilisabilité : capacité d'un système ou composant à être utilisé dans un autre endroit.

Révision de code (*code review*) : vérification de la qualité du code d'un développeur par d'autres développeurs.

Roadmap : voir « Feuille de route ».

Robustesse : capacité d'un système informatique à gérer les erreurs au cours de l'exécution et à gérer les entrées erronées.

Rollback : opération visant à restaurer la base de données à un état précédent.

S

Savoir-être : combinaison de compétences interpersonnelles, sociales, de communication, de traits de personnalité, d'attitudes, d'attributs de carrière, d'intelligence sociale et émotionnelle permettant à une personne de naviguer au sein d'un environnement, de travailler harmonieusement avec autrui, d'être performante et d'atteindre ses objectifs.

Scalability : voir « Extensibilité ».

Scepticisme : attitude de questionnement.

Schéma : plan de la façon dont une base de données est construite.

Scrum : variante d'une méthodologie agile utilisée pour le développement logiciel.

Serveur : programme informatique ou dispositif fournissant des fonctionnalités pour d'autres programmes ou appareils, appelés clients.

Simultanéité (*concurrency*) : capacité de différentes parties ou unités d'un programme, algorithme ou problème à être exécutées hors fonctionnement ou fonctionnement partiel, sans que le résultat final en soit affecté.

Sprint : unité de base d'un développement Scrum.

***Stack* technique** : ensemble de technologies logicielles ou composants nécessaires à la création de produits ou services.

Stockage : dépôt visant à stocker et à gérer un ensemble de données.

Stream : voir « Diffusion en flux ».

Structure de contrôle (*control structure*) : instruction visant à modifier le flux d'un code impératif.

Structure de données : organisation, gestion et stockage de données dans un format permettant un accès efficace et des modifications.

Style de code : directives utilisées pour coder.

Synchrone : qui se produit ou se fait en même temps ou à la même vitesse.

Syntaxe : ensemble de règles définissant les combinaisons de symboles considérés comme étant correctement structurés et/ou fragmentés dans ce langage.

Système : groupe d'entités reliées formant un tout unifié.

T

Technology stack : voir « *Stack* technique ».

Temps d'exécution : période au cours de laquelle un programme informatique s'exécute.

Temps de calcul (*computing time*) : durée nécessaire pour l'accomplissement d'un processus d'opération.

Test d'acceptation (*acceptance test*) : test visant à déterminer si les exigences d'une spécification sont respectées.

***Test driven development* (TDD)** (développement piloté par les tests) : processus de développement logiciel basé sur le fait de tester avant de coder.

Test manuel : fait de tester manuellement un logiciel pour en trouver les défauts.

Test unitaire (UT) : méthode de test logiciel dans laquelle les unités individuelles de code associées au contrôle de données sont testées pour déterminer si elles sont propres à l'emploi.

Timeout : voir « Expiration ».

Tolérance aux pannes (*fault-tolerance*) : capacité d'un système à continuer à opérer correctement en cas de panne.

Traitement par lots (*batch processing*) : tâches pouvant être menées sans interaction avec l'utilisateur, ou qui peuvent être programmées selon les ressources disponibles.

U

***Unified Modelling Language* (UML)** : voir « Langage de modélisation unifié ».

W

Wireframe : voir « Maquette ».

REMERCIEMENTS

Merci à tous les professionnels en première ligne pour l'éducation de la communauté.

Merci à tous les bénévoles qui poursuivent des projets *open source* et promeuvent le développement de notre profession.

Merci à tous les rêveurs, les entrepreneurs, les curieux, les faiseurs, les constructeurs, les créatifs qui repoussent les limites de l'innovation.

Et un merci particulier à vous, qui codez tous les jours.

NOTES

NOTES

NOTES

NOTES

Dépôt légal : octobre 2021

Achevé d'imprimer en France par La Nouvelle Imprimerie Laballery
en septembre 2021.
N° d'impression : 109526

La Nouvelle Imprimerie Laballery est titulaire du label Imprim'Vert.